TOBIA CLIPBOOKS 04

하나님의 어린양

the Lamb of God

저자 강신덕

도서출판사 TOBIA

강신덕 목사는

서울신학대학교와 캐나다 밴쿠버 리젠트 칼리지에서 기독교교육과 제자훈련을 공부하고 기독교대한성결교회 총회 교육국에서 오랫동안 성서 교재 만드는 일에 헌신했다. 현재는 샬롬교회 책임목사로 사역하고 있으며, 토비아선교회에서 순례를 기획하고 '예수의 길'과 '바울의 길' 등 순례를 진행하고 있으며 다양한 주제로 말씀 아카데미를 운영하고 성서 관련 기독교 신앙 콘텐츠로 선교에도 헌신하고 있다. 『예수의 길』, 『바울의 길』, 『갈릴리의 길』, 『이방의 길』, 『광야의 길』등 순례자를 위한 묵상집들이 있고, 『성경여행』, 『이 사람을 보라』, 『라헬의 눈물』, 『남도순례』 등 여러 저서가 있으며, 『내향적인 그리스도인을 위한 교회사용 설명서』(IVP)를 번역했다.

TOBIA CLIPBOOKS 04

하나님의 어린양
the Lamb of God

1판 1쇄: 2023년 3월 23일

저자_강신덕
책임편집_오인표
디자인_오인표
펴낸이_강신덕
펴낸곳_도서출판 토비아
등록_107-28-69342
주소_서울특별시 은평구 은평로21길 31-12, 4층(녹번동)

ISBN: 979-11-91729-16-0 03230
책값은 뒤표지에 있습니다. 무단 전제와 복제를 금합니다.

* 책에 사용된 성경전서 개정개역판의 저작권은 재단법인 대한성서공회의 소유입니다.
*『하나님의 어린양』의 유튜브 영상콘텐츠는 교회 및 단체에서 상영 가능합니다.

하나님의 어린양

the Lamb of God

저자 강신덕

도서출판사 **TOBIA**

머릿글
하나님과 어린양과 함께 길을 걷다

김덕진 목사
토비아선교회 대표
성지 가이드

 순례길에서 마주하는 인상적인 풍경 가운데 하나가 있습니다. 광야의 '양의 길'입니다. 광야의 들판과 산들에는 아무 것도 없는 것 같지만 많은 것들이 있습니다. 그 가운데 하나가 양들이 다니는 길입니다. 양들은 광야의 들판과 산들을 다니는데 그냥 다니지 않습니다. 다니던 길을 다닙니다. 그렇게 다니다보면 그 길이 드러나게 되고 결국 사람들 눈에 보이게 됩니다. 그렇게 광야 여기저기에는 양의 길들이 드러 있습니다. 한 눈에 들어오지 않지만 자꾸 보다 보면 보이는 길, 그것이 양의 길입니다, 자꾸 보다 보면 그 길이 신기하게 여겨지기도 하는 길, 그 길이 양의 길입니다.

성경을 통해 이해할 수 있는 광야의 양의 길은 두 가지가 있습니다. 하나는 목자의 인도를 받는 길입니다. 광야에서 방목하는 양들은 홀로 설 수 없습니다. 목자들의 도움에 절대적으로 의존하는 것이 양들의 특징입니다. 그래서 광야의 양의 길은 목자가 인도하며 목자가 함께 걷는 길입니다. 광야에서 보이는 길에는 목자들이 인도하고 돌보는 살핌의 흔적이 있습니다. 다른 하나는 목자들에게 버려진 길입니다. 성경이 가르치는 속죄제의 방식에는 아사셀의 이야기가 있습니다. 사람들은 자기들의 죄를 속죄하기 위해 양이나 염소를 선택해 그의 머리에 자기들의 죄를 전가한 후에 그들을 들판으로 몰아냅니다. 그렇게 양이나 염소는 들판을 배회하다 들짐승에게 죽거나 굶어 지쳐 죽게 됩니다. 그것이 광야 양의 길의 두 번째 특징입니다. 성경 속 양의 길은 이렇게 속죄를 위해 키워지고 속죄를 위해 버려진 어린양의 길입니다.

성경이 이야기하고 지금도 광야에 가면 볼 수 있는 그 길을 우리 주 예수님께서 걸으셨습니다. 예수님께서는 성경이 말하는 어린양의 길을 온전히 걸으신 분이십니다. 예수님께서는 속죄를 위해 광야의 그 길, 잘 보이지 않는 듯 잘 보이는 길을 묵묵히 걸으셨습니다. 그래서 양의 길을 묵상하는 것은 한편으로 잘 보이지 않지만 다른 한편으로 너무 또렷하게 드러나는 속죄와 구원의 길에 대한 깊은 이해이며 성찰입니다. 그리고 그 이해와 성찰의 끝에서 우리는 하나님의 구원을 경험하게 됩니다. 속죄와 구원은 하나님의 사랑으로 키워진 어린양 예수가 버림받아 나아간 속죄적 죽음의 길에서 우리가 얻는 것입니다.

이번에 토비아선교회가 발간하는 강신덕 목사의 『하나님의 어린양』은 마치 광야의 양의 길을 걷는 것과 같습니다. 창세기로부터 성경 전체를 관통하여 이어지는 하나님의 어린양의 길을 묵상하는 가운데 우리는 하나님의 어린양 되신 예수 그리스도의 모습을 새기게 됩니다. 그 분의 대신죽음, 그 분의 피, 그 분의 순종, 그 분의 사랑을 배우고 체험하게 됩니다. 그렇게 해서 우리가 교회 공동체로서 오랫동안 함께 나누어 온 어린양 예수에 대한 신앙고백을 다시 한 번 마음에 새기게 됩니다.

토비아선교회는 이번에도 고난주간을 맞아 하나님의 뜻과 그 마음, 그 사랑을 묵상하는 일에 집중합니다. 그렇게 해서 그 사랑이 온전히 우리의 것이 되고 우리가 나누고 전해야 할 것으로 새겨지도록 합니다. 토비아선교회의 예수의 길에 대한 진중한 묵상에 동행하여 주심에 감사 드립니다. 예수님께서 걸으신 어린양의 길은 곧 우리 구원의 길이며 우리가 제자로서 선택하고 결단하여 따라야 할 길입니다. 이번 묵상을 통해 그 길의 의미가 더욱 깊이 새겨지기를 바랍니다.

격려의 글
선교지에서
'하나님의 어린양'을 묵상하다

김은상
샬롬교회 장로
성균관대학교 삼성서울병원 신경외과 교수

    토비아선교회에서 귀한 묵상집 『하나님의 어린양』을 발간하기 위해 마지막 수고를 다하던 시점에 저는 튀르키예의 지진 피해 현장을 돌아보고 있었습니다. 많은 건물이 무너지고 많은 사람이 다치고 희생되었습니다. 또 많은 사람이 가족과 친지를 잃고 슬픔 가운데 거리에 앉아 눈물을 흘리고 있었습니다. 그런 가운데 그들 사이사이 특별한 사람들이 보였습니다. 그들은 묵묵히 슬퍼하는 이들을 위로하고 다친 사람들을 돌보고 이송하는 일을 감당했습니다. 때가 되면 식사와 마실 것을 제공했습니다. 그리고 저녁이면 쉴 곳도 제공했습니다. 그 사람들은 말 그대로 상처 받아 고통 당하는 사람들에게 평안의 도구가 되어 주었습니다.

    사람들의 말을 들어보니 그들은 믿음의 형제들과 자매들이었습니다. 그들은 이슬람 신앙과 사상이 보편적인 세상 가운데서 예수 그리스도의 이름으로 자기들이 누리던 것을 포기하고 자기들이 가진 것을 나누어 필요로 하는 이들에게 채워 주는 일을 감당하고 있었습니다. 그들은 그렇게 자기와 자기 시간과 자기가 가진 것을 내어놓고 희생하여 헌신했습니다. 우리는 그들에게 다가가 누구인지 물었습니다. 그들은 한결같이 이렇게 대답했습니다. "우리는 예수 그리스도의 사람들입니다." 우리는 다시 물었습니다. "왜 이런 일을 하고 있습니까?" 그들은 이렇게 대답했습니다. "우리는 어린양 예수님의 희생으로 생명을 얻은 사람들입니다. 이제 우리가 가진 생명을 그들에게 나누는 일을 하고 있습니다. 그것이 우리가 어린양 예수님에게 받은 사랑을 온전히 나누는 길이며 예수님을 전하는 온전한 방법입니다."

튀르키예의 형제들에게 듣고 본 어린양 예수는 우리에게 새로운 감각으로 다가왔습니다. 거기 그곳에서 경험하여 누린 어린양 예수는 단순히 우리가 상징적 그림으로만 이해하던 예수님의 모습과 사뭇 다른 모습으로 다가왔습니다. 어린양 예수는 우리 신앙의 위대한 고백이자 우리 신앙이 살아 있고 숨을 쉬는 생명으로 세상 가운데 드러나는 방식입니다. 지금 세상 많은 곳에서 많은 그리스도인이 예수님의 어린양 되신 모습을 은혜로 누리고 그것을 세상에 전하기 위해 수고하고 헌신하고 있습니다.

중요한 것은 어린양 예수님에 대한 신앙의 고백이 살아 있고 생명력이 있도록 하는 일입니다. 중요한 것은 어린양 예수님의 온전한 사랑이 우리가 사는 세상 곳곳에서 은혜로 드러나 사람을 살리고 세상을 온전하게 하는 길이 되도록 하는 것입니다. 많은 이들이 기독교 신앙이 사양세이고 기독교는 죽어가고 있다고 하며 기독교의 종말이 다가온다고 말하지만 그것은 사실 가십과 소문에 불과합니다. 실제로 기독교 신앙은 어린양 예수님에 대한 신앙의 온전한 고백과 실천 가운데 여전히 부흥하고 있기 때문입니다.

어린양 예수의 십자가 그 길을 알게 되고 그 길을 통해 구원의 감격을 누리게 하신 하나님의 은혜와 사랑을 찬양합니다. 이번 토비아선교회의 고난주간 묵상집 『하나님의 어린양』은 하나님의 사랑과 은혜가 어떻게 나타나고 성취되었는지를 배우고 익히게 되는 귀한 기회입니다. 하나님의 어린양 되신 예수님의 길을 묵상하는 가운데 우리의 어린양을 따르는 마음과 결단과 헌신이 더욱 깊어지고 더욱 풍성해지기를 바랍니다. 그래서 이 땅 모든 이들이 어린양 예수의 제자된 우리의 증거와 헌신과 희생으로 복을 누리고 은혜를 누리며 평안을 누리게 되기를 간절히 바랍니다.

감사의 글
'아뉴스 데이'를 들으며

김경웅
샬롬교회 장로
토비아앙상블 단장

매년 봄이면 토비아 앙상블은 분주해집니다. 토비아선교회의 고난주간 묵상집 발간에 맞추어 묵상음악을 녹음해야 하기 때문입니다. 올해에도 토비아 앙상블은 묵상집의 주제에 맞추어 음악을 준비하고 녹음을 진행했습니다. 묵상음악의 주제는 <아뉴스 데이, Agnus Dei> 즉, 하나님의 어린양입니다. 하나님의 아들 예수 그리스도께서 걸으신 인간의 길, 종의 길 그리고 십자가의 길을 기도하며 묵상하는 음악입니다.

묵상집의 저자이신 강신덕 목사님께서도 책에서 언급하셨지만 <아뉴스 데이>는 하나님의 아들로서 인간이 되시고 종이 되시고 우리를 사랑하셔서 우리를 위해 죽기까지 자기를 내어주신 예수 그리스도의 사랑과 은혜를 나눕니다. 세례 요한의 그 한 마디, "보라, 하나님의 어린양이로다."라는 외마디 외침은 이제 곡조에 담기고 예배와 기도의 음악이 되어 우리의 귀와 우리의 마음을 울리게 됩니다. 그렇게 해서 어린양 예수 그리스도의 사랑과 은혜는 우리에게 속죄와 구원, 평안의 메시지로 다가오게 됩니다.

토비아 앙상블의 연주와 음악은 토비아선교회와 샬롬교회 사역의 귀중한 자양분입니다. 연주자들이 엄선하고 기도하는 가운데 녹음한 음악은 토비아선교회의 고난주간 사역 뿐 아니라 다양한 선교적 사역에 사용되고 나누어집니다. 토비아선교회는 순례와 말씀사역, 선교적인 사역의 현장 곳곳에서 토비아 앙상블의 은혜로운 연주의 도움을 얻고 있습니다. 그래서 토비아 앙상블은 그들의 거룩한 음악을 세속적인 상업적 보급을 위해 연주하지 않습니다. 앙상블 단원들은 그들이 토비아의 이름으로 연주한 음악이 보다 많은 이들에게 은혜가 되도록 하기 위해 그들의 연주를 누구나 나눌 수 있도록 하고 있습니다.

<아뉴스 데이> 음악 연주와 녹음을 위해 수고하신 모든 분들의 수고와 헌신에 깊이 감사드립니다. 올해 음악 작업은 임이랑 집사님의 기획과 선곡 그리고 곡 정리를 출발로 이루어졌습니다. 최소영 집사님은 귀한 오르간 연주자인데 이번에 <

아뉴스 데이>가 오르간 소리의 풍성함으로 덧입을 수 있도록 해주셨습니다. 바이올린 안세훈 선생님의 탁월함은 토비아 앙상블의 고결하고 깊은 가운데 섬세한 연주가 자리를 잘 잡을 수 있도록 인도하는 힘입니다. 양승빈 선생님과 홍성원 선생님의 연주는 이번 음악이 묵상음악으로서 손색이 없도록 하는 귀중한 협력이었습니다. 이번 연주에서 의미가 있었던 것은 피아니스트 김가람 선생님의 참여였습니다. 선생님의 힘 있고 풍성한 피아노 연주는 이번 음악이 더욱 색감 있도록 이끄는 힘이었습니다. 이외에도 토비아 앙상블의 고난주간 음악 연주와 녹음은 샬롬교회 강신덕 목사님과 토비아선교회 김덕진 목사님 그리고 오인표 목사님의 기획과 인도 그리고 마무리로 완성되었습니다.

샬롬교회 성도들은 이 모든 음악 연주의 궁극적인 목적입니다. 샬롬교회 성도들은 토비앙 앙상블의 묵상음악을 가장 먼저 들어주시고 그것이 기도의 시간에 얼마나 어울리는지를 평가해 주시는 가운데 격려를 아끼지 않으셨습니다. 덕분에 토비아 앙상블의 <아뉴스 데이>는 세상 가운데 하나님의 어린양 되신 예수 그리스도를 증거하고 나누는 일의 디딤돌을 얻게 되었습니다.

올해에도 이 모든 일이 은혜롭게 이루어질 수 있도록 인도해 주신 하나님께 감사 드립니다. 무엇보다 우리 신앙의 길이 은혜로운 십자가의 길이 되도록 이끄신 어린양 예수님께 감사의 찬양을 돌립니다. 어린양 예수 그리스도시여, 오직 당신만을 찬양합니다.

TOBIA CLIPBOOKS 04

하나님의 어린양

the Lamb of God

머리말/ 김덕진 / 05

격려의 글/ 김은상 / 08

감사의 글/ 김경응 / 11

Prologue: 예수, 하나님의 어린양 / 17

죽음Death / 37

피Blood / 51

고난Suffering / 65

하나님God / 79

순종Obedience / 93

기억Remembrance / 107

승리Victory / 121

Epilogue: 어린양 예수님을 찬양합니다 / 135

토비아 앙상블의 사람들 / 150

하나님의 어린양

Prologue

예수, 하나님의 어린양

양

양sheep은 오랫동안 인간 삶의 동반자였습니다. 학자들에 의하면 가장 오래된 양을 키운 흔적은 중동 레바논 산지 동쪽 바카 계곡Bakka Valley에서 발견되었다고 합니다. 시기는 구석기와 중석기 시대 사이 언제쯤입니다. 이때는 아마도 양을 잡아와 데리고 있다가 죽여 양식을 위한 고기를 얻는 정도의 수준이었을 것입니다. 본격적으로 양들을 가축화해서 키우기 시작한 것은 주전 10,000년에서 8,000년 사이 어느 때로 보입니다. 양을 사육한 흔적이 발굴된 것은 튀르키예의 차탈회윅Çatalhöyük이 처음입니다. 그러나 이 시기 양을 사육해 고기와 양젖 그리고 가죽을 얻은 것은 소아시아 일대만은 아니었던 것 같습니다. 조금 늦은 시기이지만 파키스탄 메르가르Mehrgarh에서도 비슷한 흔적이 발견되었기 때문입니다.

양은 다른 사육 동물들과 달리 인간 없이는 생존이 불가합니다. 양은 한편으로 인간에게 고기와 젖, 그리고 털과 가죽을 제공하지만, 다른 한편으로 인간의 돌봄과 인도 그리고 보호가 없으면 살 수 없는 동물이 되었습니다. 문제는 양들은 닭이나 돼지와 달리 좁은 우리 안에서만 키울 수 없다는 것입니다. 양들은 기본적으로 여물통에 있는 먹이를 먹거나 혹은 물통 안에 담긴 물을 마시지 않는 특징이 있습니다. 시편 23편의 '푸른 풀밭과 쉴만한 물가'"green pastures, quiet waters", 시 23:2는 바로 이런 의미를 담고 있습니다. 양들은 고집스럽게 들판의 자연 풀만을 먹고 흐르는 샘에 고인 물만 마십니다. 그래서 양들은 트인 공간에서 자연스럽게 방목하는 것이 일반적입니다. 이런 이유로 양 사육은 농경문화에서보다 유목문화에서 쉽게 찾아볼 수 있습니다. 유목문화에서 양을 키우는 목자들은 사시사철 양떼를 데리고 들판을 다니며 풀을 먹이고 샘물을 먹입니다. 양들의 이동을 따라 유목민의 장막도 함께 이동해야 하는 것은 당연한 일입니다.

결국 양들과 목자 사이 상보적인 관계는 필수적인 일이 되었습니다. 양들은 자기들을 키우는 목자들의 인도와 보호와 돌봄이 없으면 삶이 힘들어 늘 목자들 주변을 맴돌게 되고, 목자들 역시 양들에게서 먹을 것과 입을 것, 그리고 천막을 위한 재료를 얻게 되니 양들이 잘 살게 하는 일이 중요하게 된 것입니다. 양들은 목자 주변에, 목자는 양들과 더불어 사는 삶이 계속되는 것입니다. 이렇게 해서 목자와 양의 관계는 서로 필요한 것을 채워주는 것을 넘어 서로에 대한 신뢰와 친밀감이 각별한 사이가 됩니다. 양들은 목자를, 목자는 양들을 지극히 아끼는 관계가 형성되는 것입니다. 예수님께서 말씀하신 '잃은 양'의 비유는 아마도 이런 유대관계를 기반으로 한 이야기일 것입니다. 개별의 양들에 대해 애틋한 마음을 가진 목자가 한 마리 잃

어버린 양을 잊지 못해 그를 찾아 길을 나선다는 이야기는 양들이 얼마나 목자에게 의존하며 사는지, 그리고 목자는 얼마나 양들을 귀하게 여기는지를 보여주는 좋은 예입니다.

희생제물

그런데 사람들은 언젠가부터 이 양을 자기들의 종교적인 제물로 사용하기 시작했습니다. 역사적 연구에 의하면 양을 제사의식의 제물로 바치는 일은 주전 4,000년 경 메소포타미아의 수메르인들이 문명을 갖춘 도시 문화를 열면서 시작되었다고 합니다. 이집트의 기록에 의하면 주전 25세기 무렵 이집트인은 그들의 신 아문Amun에게 바치는 제사에서 양들을 사용했습니다. 흥미로운 것은 이들이 국가 제사를 위해 바쳐질 양들을 대량으로 사육했다는 점입니다. 일단 왕이나 제사장이 주도하는 국가 제사는 거대한 규모로 치러졌습니다. 당연히 양이나 염소 사육은 큰 규모의 사업으로 운영이 되었습니다. 실제로 양을 키우는 일들은 몇십 마리 혹은 몇백 마리 단위로 몇몇 목자들에 의해 이루어졌지만, 그 양들을 수천 마리 혹은 수만 마리 단위로 모아 종교적인 목적으로 신전에 공급하고 제물로 사용된 양들을 도시의 시장에서 먹거리로 유통하는 일은 고대 사회의 종교 경제 질서의 중요한 축이 되었습니다. 제사용 제물로서 양의 공급과 유통을 국가가 관여한 것은 당연했습니다. 고대의 왕과 왕실은 거대한 목장 운영을 자기 수입의 주요한 원천 가운데 하나로 삼았습니다. 신전과 제사장들 역시 제물로 사용된 양고기를 특화해 유통하는 과정에서 막대한 수익을 거두어들였습니다.

국가 주도의 동물 제사가 주를 이루었다 해도, 고대사회에서 일반인들 역시 기르던 동물을 희생제물로 드리는 일, 특히 양이나 염소와 같은 동물을 희생제물로 바쳤습니다. 일반인들은 개인적인 문제를 안고 양이나 염소 등 자기가 기르던 동물들을 데리고 국가 신전이나 지역의 종교적인 중심지에 찾아가 제사를 지내고 제물을 바치고는 했습니다. 성경의 이야기지만 일반인의 제사는 아브라함의 경우가 대표적입니다. 우리는 흔히 아브라함이 아들 이삭을 바치기 위해 갔던 모리아 산이 황량하고 아무것도 없는 곳이라 여기지만, 사실 그곳에는 이미 살렘이라는 도시가 있었고 그곳에는 왕이자 제사장인 멜기세덱이 있었습니다.창 14:18 아브라함은 거기서 멜기세덱에게 의존하지 않고(아마도 멜기세덱의 인정 아래) 스스로 하나님께 제단을 쌓고 제사를 드렸습니다. 물론 이삭이 아닌 여호와이레 양으로 말입니다.창 22:13

이후 양을 희생 제사에 이용한 것에 관한 제대로 된 역사적 기록은 아무래도 성경입니다. 성경은 전반에 걸쳐 동물을 희생물로 드리는 제사에 대한 막대한 기록을 가지고 있습니다. 이야기의 시작은 가인과 노아 그리고 아브라함에게서 시작됩니다. 그리고 이스라엘 자손이 겪은 유월절 희생양의 이야기 역시 양을 희생하는 제사의 한 형태로 볼 수 있습니다. 그러나 아무래도 제대로 된 제사의 형태는 출애굽 이후 광야에서일 것입니다. 이스라엘 자손은 출애굽 한 후 홍해를 건너 시내 산에 도착해 하나님의 백성으로 세움 받았습니다. 그리고 거기서 모세를 통해 광야와 그리고 가나안에 들어가 시작하는 하나님 백성의 삶의 방식을 배우게 됩니다. 이때 이스라엘 자손은 양과 염소 그리고 여러 가축을 제물로 바치는 제사들에 관한 몇 가지 방법들도 배웠습니다. 성경 레위기의 이야기 대부분이 바로 이런 가축 제물을 바치는 방법에 관한 이야기들입니다. 그 가운데 가장 중요한 것은 속죄에 관한 제사법입니다.

하나님께서는 이스라엘 백성에게 양과 염소를 대표로 하는 가축들을 속죄와 정결을 위한 제사 제물로 바치도록 하셨습니다. 그래서 이스라엘은 그들 개개인을 포함한 공동체와 지도자들, 제사장들의 속죄와 정결을 위해 양과 염소를 비롯한 가축들을 제물로 드리는 소위 '희생제사 의식'sacrificial rites를 세우게 됩니다. 말하자면 자기나 공동체의 죄를 동물에게 전가轉嫁, impute해 그 동물을 거룩한 제사의식에 맞추어 죽임으로서 죄

의 값을 대신 치르게 하는 것입니다. 가장 대표적인 것이 레위기 16장의 바로 '아사셀 염소'Azazel, scapegoat 속죄 의식입니다. 레위기에 의하면 제사장들은 먼저 스스로를 정결하게 한 뒤 이스라엘 자손의 속죄를 위해 염소 두 마리를 선택해 한 마리는 하나님 앞에 번제 제물로 드리고, 다른 한 마리는 성막 앞에 묶어 두었다가 다른 한 마리에 대한 제사가 끝난 뒤 그것을 광야 한복판으로 데려가 거기 버려두었습니다.레 16:8,10 들판에 홀로 두어 사나운 짐승에게 잡혀 먹히거나 척박한 들판에서 굶어 죽게 하는 방식이었던 것입니다. 이스라엘 자손은 이런 식으로 자기들의 죄를 염소 혹은 양에게 넘겨 그것들로 하여금 그들의 죄를 감당하게 하고 그들은 속죄의 은혜를 받았습니다.

양이나 염소 그리고 다른 가축을 제물로 드려 정결하게 되고 하나님의 구원을 얻는 의식은 이후 성경 곳곳에서 구원을 위한 중요한 수단이 되었습니다. 이스라엘 자손은 최소한 1년에 세 번 유월절이나 오순절 그리고 장막절에 죄를 용서받고 하나님의 구원과 은혜를 누리는 삶을 위해 양을 대표로 하는 동물들을 제물로 드렸습니다. 그런 면에서 '어린양'lamb이라는 말은 속죄와 구원을 위해 드리는 동물 제물의 대표일 것입니다. 이스라엘로 대표되는 하나님의 백성에게 어린양은 자기들의 속죄와 구원을 위해 대신 드려져 죽어야 하는 희생양입니다.

예수님

출애굽 시대를 거쳐 사사시대와 왕정시대을 지나면서 어린양을 대표로 하는 동물 희생 제사는 성경시대 하나님의 백성 이스라엘에게 중요한 종교 의식이 되었습니다. 특히 예루살렘 성전이 그들의 종교 생활과 의식을 위해 중요한 중심 위치가 되면서 '어린양 희생 제사'는 더욱 그들의 종교 생활의 중심에 들어와 앉았습니다. 당연히 이스라엘에서도 국가 종교 의식을 위해 제물로 양과 동물을 바치는 일은 빈번하게 이루어졌고 그렇게 희생된 양들을 시장에 유통하는 일은 자연스럽게 경제 체제로 굳어졌습니다. 이스라엘 백성에게 양을 대표로 하는 동물 제사는 삶에서 빼놓을 수 없는 핵심이 되었습니다. 중요한 것은 양을 비롯한 동물의 '희생'에 관한 생각이 발전하기 시작했다는 것입니다. 이스라엘 백성은 동물로 대표되는 '누군가의 희생'이 그들을 종교 사회적인 속죄와 구원으로 인도한다는 사실을 명백하게 이해하고 있었습니다. 그리고 그것은 자연스럽게 동물을 넘어선 사람의 희생에 대한 신학적 발전으로 이어졌습니다.

이사야의 예언과 사상은 희생양에 관한 사상적 발전 가운데 가장 괄목할만한 것입니다. 우리가 흔히 제2이사야 혹은 제3이사야라고 말하는 예언자는 이스라엘 백성이 바벨론에 잡혀

가 고초당하던 시절 포로된 그들에게 하나님의 메시지를 전한 사람입니다. 그는 처참한 현실을 살아가는 이스라엘 백성에게 하나님 구원이 출애굽 때처럼 어린양의 희생이 아닌 선택된 '하나님의 종'a servant of God 한 사람의 고난과 희생으로 성취될 것이라고 말했습니다. 이사야는 이렇게 말합니다. "내가 붙드는 나의 종, 내 마음에 기뻐하는 자 곧 내가 택한 사람을 보라 내가 나의 영을 그에게 주었은즉 그가 이방에 정의를 베풀리라."사 42:1 이사야에 의하면 하나님의 선택을 받은 그는 오직 하나 하나님의 구원을 이스라엘과 이방 모두에게 실현할 사람입니다.사 49:5-6 그런데 그의 구원하는 방식이 특별합니다. 이스라엘과 이방 모두의 죄의 값을 대신 떠안는 방식으로 하나님의 구원을 실현하는 것입니다.사 53:6 그는 마치 유월절 어린양처럼 그렇게 세상 모든 죄를 안고 잡혀 끌려가 대신 죽임을 당하게 됩니다.사 53:7 하나님께서는 당신이 선택한 종이 당하는 유월절 어린양과 같은 고난과 죽음을 통해 세상 많은 사람을 하나님께로 인도하는 지혜로운 길을 여십니다.사 53:11

갑작스러운 도약처럼 여겨지지만, 이제 이사야의 고난받는 '하나님의 종'의 개념은 유월절 어린양의 희생 이야기와 겹쳐서 예수님에게로 투사됩니다. 하나님의 아들로 세상 구원을 위해 인간이 되어 이 땅에 오신 예수님께서는 당신의 세상 구원의 사역을 '하나님의 순종하는 어린양'의 모습으로 감당하셨습니다. 예수님께서는 스스로 하나님의 구원을 위해 내어준 바 된 유월절 어린양이라는 자의식을 분명하게 하셨습니다. 예수님께서는 유월절에 당신이 십자가에 달리실 것을 아시고 제자들과 더불어 유월절 식사를 나누기를 바라셨습니다.눅 22:15 그리고 예수님께서는 십자가에 고난받으시기 전 이렇게 말씀하셨습니다. "너희가 아는 바와 같이 이틀이 지나면 유월절이라 인자가 십자가에 못 박히기 위하여 팔리리라."마 26:2 무엇보다 예수님께서는 유월절의 때가 바로 자신이 십자가에 달려 고난 당하고 죽임 당해 하늘 아버지 하나님의 뜻을 이룰 시간이라는 것을 분명하게 아셨습니다.요 13:1 예수님께서는 그렇게 스스로 유월절에 고난받는 하나님의 어린양이 되어 십자가를 지셨고, 그날 유월절에 세상 모든 사람을 속죄하고 구원하는 은혜의 길을 열며 거기서 죽으셨습니다.요 19:14

교회

'예수 그리스도, 하나님의 어린양'Jesus christ, the lamb of God이라는 표현은 가장 성서적이며 가장 전통 있는 신앙고백 가운데 하나입니다. 요한을 비롯한 초대교회와 사도들은 그들이 주님으로 고백하고 따른 예수님께서 무엇보다 하나님의 어린양으로서 길을 걸었음을 확신했습니다. 초대교회와 사도들은 그래서 예수님을 하나님의 어린양으로 고백하며 그분의 길을 탐구하고 그 분의 길이 바로 교회와 성도의 길이라는 것을 공동체에게 가르치고 세상에 전했습니다.

먼저 집사 빌립은 예루살렘에 들러 돌아가는 에티오피아 여왕 간다게의 신하에게 이사야서가 말하는 "어린양"의 의미를 일깨우며 그 양이 바로 하나님의 어린양 예수님이라는 것을 가르쳤습니다. 행 8:32 빌립의 이 가르침은 결국 그 신하의 우연한 궁금증을 전한 사실을 넘어섭니다. 그것은 구약성경을 어떤 안목에서 읽어야 하는지 궁금해하는 당대 많은 사람에게 하나님의 어린양이라는 개념에서 예수님을 통해 구약의 이야기들을 읽어야 한다는 것을 가르친 최초의 표현입니다. 바울은 예수님이 다름 아닌 하나님의 유월절 어린양이라는 구체적인 고백과 표현을 그의 편지에 담았습니다. 그는 "우리의 유월절 양 곧 그리스도께서 희생이 되셨느니라"라고 말하며 고전 5:7 그와 그의 동역자들 그리고 그의 교회들이 예수님을 유월절 하나님의 어린양으로 고백해야 함을 분명하게 했습니다.

유월절 어린양에 대한 구체적인 고백은 특별히 사도 요한의 복음서와 서신에서 잘 나타나 있습니다. 요한은 먼저 세례 요한의 입을 빌어 예수님을 "하나님의 어린양"이라는 구체적인 고백으로 표현했습니다. 요한에 의하면 세례 요한은 그에게

세례 받기 위해 광야로 요단강으로 나오신 예수님을 바라보며 감탄하듯 말했습니다. "보라 하나님의 어린양이로다." 요 1:29,36 세례 요한의 이런 고백은 이후 요한의 종말을 다룬 계시록에서 더욱 멋진 모습으로 등장합니다. 그는 종말의 때에 믿음의 사람들이 어린양의 최종 승리를 보게 될 것에 대해 언급하면서 그 어린양의 승리를 찬양하는 소리가 종말의 하늘에 울려 퍼질 것이라고 말합니다. 그것뿐이 아닙니다. 요한은 종말의 때에 어린양 예수의 십자가 도리로 산 사람들이 궁극의 승리를 이루게 될 것을 보았습니다. 계 5:12-13 요한은 그때가 되면 어린양 예수께서 친히 어린양 십자가 때문에 고난 당하고 고초를 겪은 이들의 눈물을 닦아 주실 것이라고 전합니다. 계 7:17 이렇게 초대교회와 사도들은 어린양 되신 예수님을 신앙 고백의 핵심에 두고 그분의 어린양 되심과 그 사역으로 세상 모든 것이 구원의 길을 보게 되리라는 것을 전했습니다. 그리고 그 값진 신앙 유산을 다음 세대 교회들에게 전했습니다.

교회 역시 전통적으로 '어린양 되신 예수님'을 찬양하고 고백해왔습니다. 특별히 교회는 그 고백을 주님의 성찬을 통해 실천하며 그 고백을 통해 어린양 예수의 살과 피가 자신의 영혼을 온전하게 하시리라 믿었습니다. 성찬을 통해 어린양 예수의 살과 피를 기억하고 기념하는 일은 예수님 자신의 가르침이기도 했습니다. 예수님께서는 체포되기 전날 유월절 식사를 통해 제자들이 예수님 자신의 살과 피를 나누는 가운데 당신의 죽음과 부활을 기억하고 기념하라고 하셨습니다.눅 22:19 그렇게 성찬을 통한 고백적 실천은 이후 교회의 주요한 신앙고백과 나눔의 원천이 되었습니다.고전 11:24~25

이후 교회는 성찬을 중심으로 꾸준히 하나님의 어린양 되신 예수님을 경배하고 찬양하며 그 신앙고백을 이어왔습니다. 4세기의 위대한 기독교 스승 아우구스티누스Augustinus of Hippo는 하나님의 아들 예수님을 이렇게 묘사했습니다. "하나님의 영원한 아들 예수 그리스도는 흠 하나 없는 어린양의 모습으로 하나님의 거룩한 전에 드려졌다. 그분은 세상과 하나님의 백성을 구원하기 위해 유월절 어린양으로 죽임을 당하셔서 참되고 온전하게 제물이 되셨다." 1500년대 스페인의 아빌라에서 기도하는 수도자로 유명했던 아빌라의 테레사Teresa of Avila 역시 이렇게 고백했습니다. "하나님의 어린양은 죄의 용서와 영혼의 구원을 위해 십자가 제단에 바쳐진 그리스도의 자기 희생의 상징입니다. 우리는 그 어린양의 헌신을 붙들고 우리의 구원과 영생을 향해 나아갈 수 있습니다." 이런 고백은 종교개혁의 전통에서도 이어집니다. 마틴 루터Martin Luther는 이렇게 고백했습니다. "그리스도는 세상의 죄를 제거하신 하나님의 어린양이시며, 그것은 우리 신앙과 소망의 기반이다." 마틴 루터 이후 하나님의 어린양 예수에 대한 우리의 신앙고백은 계속 이어지고 있습니다. 『천로역정』_The Pilgrim's Progress_으로 유명한 존 번연John Bunyan은 하나님의 어린양 예수 그리스도에 대한 신앙고백은 "그분이 우리를 영광 가운데 통치하신다는 실질적인 역사를 세상 가운데 드러나게 한다"라고 선언했습니다. 17세기 미국 뉴잉글랜드의 부흥 운동을 일으킨 조나단 에드워즈Jonathan Edwards 역시 이 신앙 고백 위에 서 있습니다. 그는 하나님의 어린양에 대한 신앙고백이야 말로 "우리를 죄와 사망과 악마의 권세로부터 승리하게 하며, 우리를 예수님과 더불어 하나님 나라의 계승자가 되게 한다."고 외쳤습니다.

오늘 우리는 성경과 기독교 전통을 관통하여 흐르는 '하나님의 어린양, 예수 그리스도'에 대한 신앙고백을 우리 신앙의 중심에 굳건하게 세워야 합니다. 어린양 되신 예수 그리스도에 대한 신앙고백 없이 우리에게 십자가는 화려한 장신구에 불과하며, 부활은 주술적인 마술로 전락하게 될 것입니다. 우리 주 예수님은 스스로를 하나님의 유월절 어린양으로 여기며 십자가의 길을 가셨고 죽임 당하셨으며, 그렇게 무덤으로부터 부활하셨습니다. 이 믿음이야말로 오늘 우리가 고난과 고초 가운데 신앙을 이어가게 되는 진정한 능력의 발원지입니다. 우리 주 예수께서 부활하여 어린양의 승리를 이루셨듯, 우리 역시 이 믿음 가운데 종말의 어린양 승리를 확신하며 오늘을 이겨나갈 수 있습니다.

기도

하나님의 어린양 예수 그리스도를 묵상하고 그 고백으로 기도하는 일이야말로 고난주간을 지혜롭게 보내는 좋은 길이 될 것입니다. 고난주간이 아니더라도 한 주간을 정하여 성경 말씀에 따라 '하나님의 어린양 되신 예수님'을 묵상하는 것은 우리 신앙이 더 깊이 있게 되는 의미있는 여정이 될 것입니다. 토비아가 제안하는 하나님의 어린양에 관한 묵상은 다음의 세 가지 단계를 따르도록 합니다.

성경본문 읽기: '하나님의 어린양'에 관한 묵상은 주어진 본문을 깊이 묵상하는 것으로 시작합니다. 성경은 창조로부터 구원으로 이어지는 모든 이야기에서 그리고 교회를 통해 종말로 이어지는 모든 이야기에서 하나님의 속죄와 구원을 위한 길로서 하나님의 어린양의 희생과 헌신을 가르칩니다. 그리고 성경은 일관성 있게 속죄를 위해 희생되는 어린양에 대한 진지한 묵상을 요청합니다. 특히 성경은 그 어린양이 하나님의 아들 예수 그리스도를 이해하는 지름길이라는 것을 우리에게 가르칩니다. 무엇보다 성경은 어린양과 어린양 되신 예수 그리스도에 관한 지혜로운 영적 지식이 진중한 묵상과 고백 가운데 온전히 우리의 것이 될 수 있음을 가르

치고 있습니다. 본 묵상집 『하나님의 어린양』은 그래서 먼저 성경이 말하는 어린양, 하나님의 어린양에 관한 이야기들을 진지하게 읽을 것을 권면합니다.

묵상의 글 읽기: 성경의 이야기를 읽은 후에는 기도하는 마음으로 묵상글을 읽습니다. 『하나님의 어린양』이 제시하는 묵상글은 성경의 이야기와 그에 대한 신학적 성찰, 그리고 삶으로 연결이 가능한 묵상의 포인트를 잘 연결하여 우리의 기도 언어가 더욱 풍성해지도록 인도합니다. 기도는 다양하게 고안된 묵상의 언어 가운데 은혜로워지며 풍성해집니다. 그렇게 우리의 기도가 풍성하고 넉넉한 언어 가운데 이루어질 때 우리 삶 역시 풍성한 결실을 거둘 수 있게 됩니다. 예수님을 하나님의 어린양으로 고백하는 신앙은 예수님의 십자가를 따라 고난을 감내하며 모든 역경을 어린양 예수 십자가의 힘과 능력으로 이겨낼 것을 선언합니다. 그 어렵고 힘든 십자가의 여정에 깊고 풍성한 기도의 언어가 더해진다면 그것은 마치 광야길의 생수와도 같이 우리의 갈급함을 풀어줄 것이고 사막의 만나와 같이 우리의 생명을 지켜줄 것입니다.

음악과 함께 기도하기: 교회는 오랫동안 훌륭한 음악가들의 영감과 재능을 빌어 하나님의 어린양 되신 예수님을 찬양해 왔습니다. 우리는 보통 교회의 이 고백 찬양을 <아뉴스 데이>Agnus Dei, 하나님의 어린양라고 부릅니다. 가톨릭은 이 노래를 주후 10세기 이후 교회의 통상 예전에 포함시켜 불러왔습니다. 개신교는 이 노래를 통상의 찬양으로 지속적으로 부르지는 않지만 이와 유사한 고백의 노래들을 찬송가에 많이 포함해 불러왔습니다. 새찬송가 82장이 가장 대표적입니다. 이 찬송은 하나님의 어린양 예수님께서 우리 죄를 짊어지시고 십자가를 지심으로 우리가 속죄와 구원을 누리게 되었음을 찬송의 고백으로 드립니다. 이번 고난주간 묵상집 『하나님의 어린양』 역시 이런 고백적 예배 찬송을 묵상을 위한 음악으로 삼았습니다. 그리고 성경과 묵상글을 읽어내려는 동안 이 찬송을 통해 더 풍성하고 은혜로운 기도 시간이 될 수 있도록 안내합니다.

예수님은 하나님의 어린양이십니다. 우리는 이 고백 위에 우리의 교회와 우리의 삶과 그리고 우리의 소망어린 미래를 두고 있습니다. 예수님께서 하나님의 고난받는 어린양이라는 고백은 그렇게 우리를 신자가 되게 하고 신앙공동체의 일원이 되게 하며 최후 하나님 나라의 일원이 되도록 인도합니다. 어린양 예수님께서 우리의 구원자 되신다는 그 지혜로운 사실 앞에 겸손히 무릎 꿇고 기도합시다. 그리고 어린양 예수의 십자가 길, 그 겸손하고 신실한 길을 따라갑시다. 그 길은 우리에게 눈물어린 고난의 길이 될 수 있습니다. 그러나 어린양 되신 예수님을 믿고 성령의 인도하심을 따라 신실하게 그 길을 걸어가게 될 때 우리는 결국 우리가 틀리지 않았음을, 우리가 옳았음을 알게 되는 진리의 문에 도달하게 될 것입니다. 거기가 우리 순례길의 끝입니다. 거기가 우리 눈물을 씻을 천국입니다.

죽음
Death

창세기 22장 1~14절

Lamb of God, Jim Gilbert, in Lamb of God by
Hosanna Integrity Music, 1987.

Lamb of God

Jim Gilbert, in Lamb of God by Hosanna Integrity Music, 1987.

QR코드를 스마트폰 카메라로 스캔하면
해당 묵상음악영상으로 이동합니다.

*아브라함이 눈을 들어 살펴본즉
한 숫양이 뒤에 있는데 뿔이 수풀에 걸려 있는지라
아브라함이 가서 그 숫양을 가져다가
아들을 대신하여 번제로 드렸더라*

창세기 22장 13절

창세기 22장 1~14절

¹그 일 후에 하나님이 아브라함을 시험하시려고 그를 부르시되 아브라함아 하시니 그가 이르되 내가 여기 있나이다 ²여호와께서 이르시되 네 아들 네 사랑하는 독자 이삭을 데리고 모리아 땅으로 가서 내가 네게 일러 준 한 산 거기서 그를 번제로 드리라 ³아브라함이 아침에 일찍이 일어나 나귀에 안장을 지우고 두 종과 그의 아들 이삭을 데리고 번제에 쓸 나무를 쪼개어 가지고 떠나 하나님이 자기에게 일러 주신 곳으로 가더니 ⁴제삼일에 아브라함이 눈을 들어 그 곳을 멀리 바라본지라 ⁵이에 아브라함이 종들에게 이르되 너희는 나귀와 함께 여기서 기다리라 내가 아이와 함께 저기 가서 예배하고 우리가 너희에게로 돌아오리라 하고 ⁶아브라함이 이에 번제 나무를 가져다가 그의 아들 이삭에게 지우고 자기는 불과 칼을 손에 들고 두 사람이 동행하더니 ⁷이삭이 그 아버지 아브라함에게 말하여 이르되 내 아버지여 하니 그가 이르되 내 아들아 내가 여기 있노라 이삭이 이르되 불과 나무는 있거니와 번제할 어린 양은 어디 있나이까 ⁸아브라함이 이르되 내 아들아 번제할 어린 양은 하나님이 자기를 위하여 친히 준비하시리라 하고 두 사람이 함께 나아가서 ⁹하나님이 그에게 일러 주신 곳에 이른지라 이에 아브라함이 그 곳에 제단을 쌓고 나무를 벌여 놓고 그의 아들 이삭을 결박하여 제단

나무 위에 놓고 ¹⁰손을 내밀어 칼을 잡고 그 아들을 잡으려 하니 ¹¹여호와의 사자가 하늘에서부터 그를 불러 이르시되 아브라함아 아브라함아 하시는지라 아브라함이 이르되 내가 여기 있나이다 하매 ¹²사자가 이르시되 그 아이에게 네 손을 대지 말라 그에게 아무 일도 하지 말라 네가 네 아들 네 독자까지도 내게 아끼지 아니하였으니 내가 이제야 네가 하나님을 경외하는 줄을 아노라 ¹³아브라함이 눈을 들어 살펴본즉 한 숫양이 뒤에 있는데 뿔이 수풀에 걸려 있는지라 아브라함이 가서 그 숫양을 가져다가 아들을 대신하여 번제로 드렸더라 ¹⁴아브라함이 그 땅 이름을 여호와 이레라 하였으므로 오늘날까지 사람들이 이르기를 여호와의 산에서 준비되리라 하더라

01

 아브라함은 빠르게 주변을 살폈습니다. 그는 수풀에 뿔이 걸린 숫 양 한 마리를 발견했습니다. 그는 생각할 겨를을 두지 않고 바로 그 양을 잡아 아들이 누웠던 장작더미 위에 올렸습니다. 그리고 서둘러 하나님께 번제를 드렸습니다. 그는 그가 모리아 산에 올라온 이유가 다 완수된 것인지 확인하기 위해 주위를 둘러보았습니다. 제물로 바치려던 아들은 건강한 모습으로 그의 옆에 서 있었습니다. 브엘세바로부터 지고 온 제단 장작 위에는 아들 이삭을 대신해 죽은 양이 불길에 타오르고, 그 연기는 흔들림 없이 하늘을 향해 오르고 있었습니다. 그렇게 모리아 산에서 하나님께 제사를 올리는 모든 일을 마친 뒤 그는 안도의 한숨을 쉬었습니다. 아들 이삭은 죽지 않았습니다. 이삭을 대신해 수풀에 걸려 있던 양이 제물이 되었습니다. 아들은 살아서 자신이 있어야 할 자리에 자기 대신 죽어 불타고 있는 양을 바라보고 있습니다. 아브라함은 다시 한번 가슴을 쓸어내렸습니다.

02

    아들 이삭이 죽어야 했습니다. 하나님께서는 아브라함에게 그가 귀하게 여기는 아들을 제물로 바치라고 명령하셨습니다. 아브라함은 평생에 걸쳐 하나님께 무수히 많은 명령을 들었습니다. 그러나 아들을 바치라는 식의 무모한 명령은 처음이었습니다. 아브라함은 그 지엄한 현실을 받아들였습니다. 두말하지 않았습니다. 그는 아들을 죽음으로 내몰게 될 참담한 여행을 결행했습니다. 모리아 산을 향한 삼일 여행은 고통스러운 길이었습니다. 삼일 째 되던 날 멀리 모리아 산이 보였습니다. 아브라함은 심장이 뚫리는 것 같은 고통을 느꼈습니다. 그러나 그는 그 마음을 드러내지 않았고 다른 길로도 가지 않았습니다. 묵묵히 아들을 위한 제단이 차려질 모리아 산을 향해 걸었습니다. 무엇보다 아브라함은 아들을 제단에 올리는 일을 다른 이에게 맡기지 않았습니다. 아들의 목숨은 아버지인 자신이 직접 거두기로 했습니다. 그래서 아들이 죽어야 할 모리아 산 정상에는 아브라함 자신과 제물이 될 아들 이삭만 나아갔습니다.

03

    모리아 산 아래에 도착했을 때 아버지 아브라함은 동행한 종들에게 산 아래 머무르며 기다리라 말하고 아들에게 번제 나무를 지운 뒤, 그 산을 올랐습니다. 이삭은 아버지 아브라함이 내준 번제 나무를 등에 지고 아버지를 따라 산을 올랐습니다. 올라가는 길에 아들 이삭은 질문했습니다. "아버지, 번제 나무도 있고 제사에 사용될 불도 있는데 제물로 드릴 양은 어디에 있나요?" 아버지 아브라함은 뒤따라오는 아들을 돌아보며 대답했습니다. "하나님께서 거기 산에 준비해 두셨을 것이다." 그리고 측은한 마음으로 자기가 누워 죽게 될 나무를 스스로 지고 가는 아들을 바라보았습니다. 이삭은 아버지의 말이 이해된다는 듯 다시 산을 올랐습니다. 그는 자기가 제물로 올려질 나무를 스스로 지고 아버지를 따라 산에 올랐습니다. 그리고 그 산에서 아버지에게 결박당한 채 자기가 지고 온 나무 위에 누웠습니다.

04

사실 그 산에는 예상치 못한 클라이맥스가 준비되어 있었습니다. 아들 이삭을 대신할 양 한 마리가 그 산에 예비된 것입니다. 하나님께서 아들을 대신해 한 마리 양을 준비하셨다는 것을 알게 된 아브라함은 서둘러 아들을 번제단 위에서 풀어내고 하나님께서 준비하신 양을 대신 번제로 드렸습니다. 그리고 "여호와께서 살피시고 준비하셔서 공급하신다"라는 뜻으로 '여호와이레'God will PROVIDE.라고 불렀습니다. 하나님께서는 아브라함을 비통에서, 이삭을 죽음에서 끌어내기 위해 그 비통함과 죽음의 자리를 '대신할 양'vicarious lamb을 준비하셨습니다. 이삭은 결국 자기 죽음의 현장에서 살길을 얻었습니다. 그리고 자기가 죽었어야 했던 자리에 하나님께서 예비하신 양이 죽임당해 자리하고 하나님 앞에서 번제로 드려지는 것을 보았습니다. 그는 자신을 대신해 죽어가는 양, 자신을 대신해 죽음의 자리로 나아가는 양, 자기를 대신해 불에 태워지는 양을 곁에서 지켜보았습니다.

05

아브라함과 이삭, 하나님과 준비된 양 사이 관계에는 서로 다르지만 같은 맥락으로 이해가 가능한 동형同型, isomorphism의 이미지가 그려집니다. 아브라함은 아들 이삭을 지극히 사랑하지만, 그 아들을 희생 제물로 내놓았습니다. 하나님께서는 귀한 아들을 제물로 바치는 아브라함의 마음을 아시고 그 아들을 대신하여 죽을 한 마리 양을 그 산에 준비해 두셨습니다. 여기서 대신 죽을 양은 이후 우리 모든 인류에게 나타나실 하나님의 아들 예수 그리스도를 상징합니다. 이렇게 해서 아브라함의 아들 희생과 하나님께서 준비하신 양의 희생은 이후 하나님의 아들 예수를 내어놓으심과 희생 제물로 삼으신 이야기로 연합하여 이어집니다. 하나님께서는 아들을 제물로 내놓은 아브라함의 이야기처럼 아들 되신 예수님을 세상 죄를 위한 제물로 내놓으셨습니다. 또 하나님께서는 이삭을 위해 양을 예배하시듯 우리를 위해 어린양 예수님을 예비하시고 우리가 감당해야 할 죽음의 당면과제를 대신 치르게 하셨습니다.

06

    이삭이 아버지 아브라함을 따라 모리아 산으로 향하는 길을 순종하여 갔듯이, 예수님은 하나님 아버지의 뜻을 따라 갈보리 산을 향해 길을 가셨습니다. 예수님께서는 이삭이 자기가 죽을 번제 나무를 지고 산을 올랐던 것처럼 당신이 죽을 십자가를 지고 그 산을 올라가셨습니다. 예수님께서는 순종하는 마음으로 묶여 제단 위에 누었던 이삭처럼 순종하는 마음으로 못에 박혀 십자가에 달리셨습니다. 예수님께서는 무엇보다 하나님께서 우리를 '보시고' 우리를 위해 '예비하여 공급하신' 하나님의 어린양입니다. 하나님께서는 우리를 긍휼히 보시고 우리를 사랑하셔서 당신의 사랑하는 아들이 우리의 죽음을 대신할 어린양이 되게 하셨습니다. 예수님께서는 이삭을 대신해 죽임을 당하고 제물이 되었던 모리아 산의 그 어린양처럼, 우리를 위해 대신 죽으시고 우리를 위해 하나님 앞에 제물이 되신 하나님의 어린양이십니다. 예수님께서는 그렇게 우리를 위한 여호와이레가 되십니다.

07

예수님을 '대신 죽은 어린양'the vicarious lamb으로 받아들이는 일은 우리 신앙의 중요한 토대입니다. 토저A. W. Tozer는 말했습니다. "하나님의 어린양, 그리스도께서 우리 죄를 위해 '대신' 죽임 당하셨습니다. 그리고 죽음으로 그분은 우리를 위해 하나님과 화해할 수 있는 길을 여셨습니다." 영어의 'vicarious'라는 말은 누군가 우리를 대신해 무언가 수행하는 일을 끝까지 지켜보는 일을 의미합니다. 아브라함과 아들 이삭은 그날 한 마리 양이 이삭을 대신해 예비되고 선택되어 죽임당하고 제단에 올려지는 것을 지켜보았습니다.behold, 창 22:13 우리 역시 마찬가지입니다. 우리는 우리를 대신해 고난받고 십자가에 달리셔서 죽으신 어린양 예수님을 바라봅니다. 하나님의 어린양 예수님께서는 그렇게 하나님과 우리 사이 화목reconciliation을 위한 제물이 되셨습니다. 우리 대신 죽음의 길을 가시는 어린양을 지켜보고 그 분이 대신 죽으신 그 죽음을 경험할 때 우리에게 구원의 길이 있습니다.

피
Blood

출애굽기 12장 1~14절

Pie Jesus,
in Requiem by Gabriel Fauré, op.48.

Pie Jesus

in Requiem by Gabriel Fauré, op.48.

QR코드를 스마트폰 카메라로 스캔하면
해당 목상음악영상으로 이동합니다.

내가 애굽 땅을 칠 때에 그 피가 너희가 사는 집에 있어서
너희를 위하여 표적이 될지라 내가 피를 볼 때에
너희를 넘어가리니 재앙이 너희에게 내려 멸하지 아니하리라

출애굽기 12장 13절

출애굽기 12장 1~14절

¹여호와께서 애굽 땅에서 모세와 아론에게 일러 말씀하시되 ²이 달을 너희에게 달의 시작 곧 해의 첫 달이 되게 하고 ³너희는 이스라엘 온 회중에게 말하여 이르라 이 달 열흘에 너희 각자가 어린 양을 잡을지니 각 가족대로 그 식구를 위하여 어린 양을 취하되 ⁴그 어린 양에 대하여 식구가 너무 적으면 그 집의 이웃과 함께 사람 수를 따라서 하나를 잡고 각 사람이 먹을 수 있는 분량에 따라서 너희 어린 양을 계산할 것이며 ⁵너희 어린 양은 흠 없고 일 년 된 수컷으로 하되 양이나 염소 중에서 취하고 ⁶이 달 열나흗날까지 간직하였다가 해 질 때에 이스라엘 회중이 그 양을 잡고 ⁷그 피를 양을 먹을 집 좌우 문설주와 인방에 바르고 ⁸그 밤에 그 고기를 불에 구워 무교병과 쓴 나물과 아울러 먹되 ⁹날것으로나 물에 삶아서 먹지 말고 머리와 다리와 내장을 다 불에 구워 먹고 ¹⁰아침까지 남겨두지 말며 아침까지 남은 것은 곧 불사르라 ¹¹너희는 그것을 이렇게 먹을지니 허리에 띠를 띠고 발에 신을 신고 손에 지팡이를 잡고 급히 먹으라 이것이 여호와의 유월절이니라 ¹²내가 그 밤에 애굽 땅에 두루 다니며 사람이나 짐승을 막론하고 애굽 땅에 있는 모든 처음 난 것을 다 치고 애굽의 모든 신을 내가 심판하리라 나는 여호와라 ¹³내가 애굽 땅을 칠 때에 그 피가 너희가 사는 집에 있어서 너희

를 위하여 표적이 될지라 내가 피를 볼 때에 너희를 넘어가리니 재앙이 너희에게 내려 멸하지 아니하리라 **14**너희는 이 날을 기념하여 여호와의 절기를 삼아 영원한 규례로 대대로 지킬지니라

01

하나님의 심판은 말씀하신 그대로 애굽 땅 모든 장자長子와 첫 새끼들에게 임했습니다. 그때 하나님 심판의 칼은 무자비한 것이었습니다. 하나님의 칼은 애굽 왕 바로와 그곳 사람들의 교만을 심판하기 위해 하늘로부터 내려왔습니다. 그 죽음의 칼은 아무개를 막론하고 처음 태어난 생명 모두를 노렸습니다. 그 일은 어김없이 한밤중 애굽 땅에 임했습니다. '쉭쉭' 거리며 어둠을 가르는 칼의 소리, 장자들을 찾아내어 기어이 죽이고야 마는 색출과 처단의 소리가 밤새 애굽의 거리를 뒤덮었습니다. 바로의 왕궁도 예외는 아니었습니다. 애굽 사람들의 가축우리에도 심판의 칼이 다녀갔습니다. 애굽 땅에 거류하던 하나님의 백성 이스라엘 자손도 그 밤이 두려웠습니다. 그들은 하나님께서 말씀하신 대로 집 문설주에 어린양의 피를 발라 두었습니다. 그것이 전부였습니다. 그들은 그 무서운 심판이 그들이 문설주에 발라 둔 어린양의 피를 지나가게 될지 확신하지 못했습니다. 그들은 두려움과 믿음이 교차하는 밤을 보냈습니다.

02

하나님께서는 모세를 통해 이스라엘 자손에게 이전과는 완전히 다른 무서운 심판이 애굽 땅에 있을 것이라고 말씀하셨습니다.출 11:6 그러나 하나님께서는 이스라엘 자손에게는 그 심판을 피할 길을 열어 주셨습니다. 하나님께서는 당신의 사자들이 무자비한 칼을 들고 애굽의 밤거리를 다니는 동안 이스라엘 자손에게는 피를 발라둔 문 안쪽에 머물며 떠날 채비를 갖추도록 하셨습니다. 하나님께서는 각자 자기 집에 있는 '어린양'을 잡아 그 피를 집안으로 드나드는 대문을 달아두는 좌우 문설주들doorposts과 문 위쪽에 가로질러 둔 목재인 인방lintel에 발라두게 하셨습니다. 그 후 잡은 어린양의 고기는 모두 불에 구워 먹고 남은 것은 불에 태워 없애도록 하셨습니다. 무엇보다 하나님께서 말씀하신 재앙을 피하는 방법의 핵심은 바로 문기둥에 발라둔 피였습니다. 그 피를 본 하나님의 사자들이 그 문과 그 집을 지나칠 것이고 그렇게 해서 이스라엘의 모든 처음 난 사람과 가축은 살 수 있게 된다는 것이었습니다.

03

    그 밤에 이스라엘 자손은 크고 놀라운 경험을 하게 됩니다. 그들은 하나님께서 모세를 통해 명령하신 대로 그들이 키우던 양들 가운데 한 마리를 잡았습니다. 그들은 그 양의 피를 우슬초hyssop에 적셔서 그들이 사는 곳, 문기둥에 발라 두었습니다. 그리고 가족과 양을 함께 잡은 이웃과 함께 피가 발린 문 안쪽 집안에서 상황을 경계하듯 서서 예비한 음식을 급하게 먹으며 밤을 보냈습니다. 그렇게 심판의 잔인한 광풍이 불던 밤에 이스라엘은 안전했습니다. 그들은 하나님께서 명령하신 그대로 행동하는 가운데 그 밤에 일었던 심판을 피할 수 있었습니다. 그런데 이스라엘 자손에게 그 밤이 '안전'했다고는 하나 '평안'할 수는 없었습니다. 칼을 든 하나님의 사자가 피가 발린 문과 집은 지나쳤을지라도 잔인한 심판의 바람은 그들이 거주하던 고센에도 불었습니다. 어린양의 피가 뿌려진 문 안쪽에 안전하게 있었을지라도 그 밤에 벌어진 큰 환란의 소리를 듣지 못한 것은 아니었기 때문입니다.

04

 모세는 그 밤의 놀라운 경험이 길이 기억되기를 바랐습니다. 그는 칼을 든 주의 사자가 피를 바른 문을 지나쳐 이스라엘이 심판에서 구원받은 날을 '유월절'the Passover이라고 명명했습니다. 그는 이스라엘 자손이 광야를 지나 하나님께서 약속하신 땅 가나안에 들어서게 되더라도 이날의 경험을 기억하고 유월절을 지킬 것을 가르쳤습니다. 그는 이렇게 말했습니다. "자녀가 묻기를 이 예식이 무슨 뜻이냐 하거든 너희는 이르기를 이는 여호와의 유월절 제사라 여호와께서 애굽 사람에게 재앙을 내리실 때에 애굽에 있는 이스라엘 자손의 집을 넘으사 우리의 집을 구원하셨느니라 하라" 출 12:26~27 이때로부터 이스라엘은 해마다 유월절이 되면 모두 같이 양을 잡아 그 피와 고기를 제단에 드리고 제단에 드렸던 양의 고기와 무교병無酵餠, unleavened bread, 누룩을 넣지 않은 빵을 먹으며 하나님께서 그들을 지나쳐 넘어가시며 그들에게 심판이 아닌 구원의 은혜를 베푸셨던 것을 기념하였습니다.

05

그런데 유월절 그날에 무엇보다 중요한 것은 이스라엘이 문에 두른 어린양의 '피'blood 입니다. 어린양의 피는 그 자체에 구원의 효능이 있는 것이 아닙니다. 그것은 하나의 암호와 같은 표시sign가 되었을 때 그것은 하나님 구원이 이루어지리라는 의미를 품게 됩니다. 구원은 하나님의 판단과 하나님의 긍휼한 마음 그리고 하나님의 손에 있는 것입니다. 이스라엘 자손은 그저 하나님의 구원을 바라는 믿음으로 문 기둥들에 양의 피를 발랐습니다. 과연 그들이 믿음으로 두른 문기둥의 어린양 피는 하나님의 심판이 임하지 않고 건너가는 일종의 표식이 되었습니다. 확실히 이스라엘 자손이 두른 문설주의 '표식'은 하나님에게서 받았으나 믿지 못하여 사용조차 하지 않은 '가인의 표식'과 대비됩니다.창 4:15 가인은 하나님의 구원을 확증하는 표식을 받았으나 그것을 외면했습니다. 그러나 이스라엘 자손은 하나님 앞에 믿음의 표식을 두어 생명을 보전하고 구원을 얻게 되었습니다.

06

출애굽기 12장에 대한 설명에서 종교개혁가 존 칼뱅John Calvin은 이렇게 고백했습니다. "유월절 어린양은 세상 구원을 위해 드려진 예수 그리스도의 희생 제사를 상징한다." 18세기 영국의 전도자 존 웨슬리John Wesley 역시 같은 구절에 대해 이렇게 해설했습니다. "유월절 어린양은 그리스도의 모습을 그리고 있습니다. 그 분은 우리 죄를 위해 희생제물로 드려졌으며 그 분의 피로 우리는 구원을 얻습니다." 수천 년 전에 애굽에서 벌어진 사건과 그때 뿌려진 피는 죄 많은 애굽 땅을 향한 하나님의 심판으로부터 이스라엘 자손을 구원하는 표식으로서 역할을 다했습니다. 이제 세상을 다시 심판하시려는 하나님 앞에서 유월절 어린양the Paschal Lamb 되신 예수께서 흘리신 피는 그 은혜 가운데 있기를 원하는 우리 모두에게 영원한 구원의 표식이 됩니다. 예수 그리스도께서 십자가에서 흘리신 피를 믿고 의지하는 사람은 누구나 구원하시고 생명을 보전하시는 하나님의 은혜를 누리게 되었습니다.

07

　유월절 어린양의 '피'는 우리 구원과 영생을 위한 패스포트 passport입니다. 이스라엘 자손이 유월절의 피를 두른 집 가운데서 그 생명을 보장받은 것과 같이, 오늘 세상에 임할 하나님의 심판 앞에서 예수 그리스도의 보혈은 우리를 보호하고 구원하는 안전처가 됩니다. 그 피가 표식이 되어 우리는 세상 모든 환란과 고난 가운데서도 구원을 확신하는 하나님의 백성으로 서게 될 것입니다. 결국 예수 그리스도 십자가 아래는 우리의 안전을 보장받게 되는 피난처가 됩니다. 예수님께서 피를 흘리시고 그 피가 뿌려진 십자가 아래서 우리는 우리 생명을 보전받게 되고 영혼의 안전한 구원을 얻게 됩니다. 그 피는 하나님의 심판 대상 목록에서 우리 이름을 제할 것이고, 종말의 환란 가운데 우리를 안전하게 지켜 우리를 하나님 나라에 이르게 할 것입니다. 유월절 어린양 예수의 피는 우리가 구원을 얻어 영원한 생명을 얻을 자격이 있는 하나님의 자녀이며 하나님의 백성임을 확증하게 될 것입니다.

고난

Suffering

이사야서 53장 1~12절

Agnus Dei,
in Requiem by Gabriel Fauré, op.48.

Agnus Dei

in Requiem by Gabriel Fauré, op.48.

QR코드를 스마트폰 카메라로 스캔하면
해당 특장 음악영상으로 이동합니다.

그가 곤욕을 당하여 괴로울 때에도 그의 입을 열지 아니하였음이여
마치 도수장으로 끌려 가는 어린 양과 털 깎는 자 앞에서
잠잠한 양 같이 그의 입을 열지 아니하였도다

이사야서 53장 7절

이사야서 53장 1~12절

¹우리가 전한 것을 누가 믿었느냐 여호와의 팔이 누구에게 나타났느냐 ²그는 주 앞에서 자라나기를 연한 순 같고 마른 땅에서 나온 뿌리 같아서 고운 모양도 없고 풍채도 없은즉 우리가 보기에 흠모할 만한 아름다운 것이 없도다 ³그는 멸시를 받아 사람들에게 버림 받았으며 간고를 많이 겪었으며 질고를 아는 자라 마치 사람들이 그에게서 얼굴을 가리는 것 같이 멸시를 당하였고 우리도 그를 귀히 여기지 아니하였도다 ⁴그는 실로 우리의 질고를 지고 우리의 슬픔을 당하였거늘 우리는 생각하기를 그는 징벌을 받아 하나님께 맞으며 고난을 당한다 하였노라 ⁵그가 찔림은 우리의 허물 때문이요 그가 상함은 우리의 죄악 때문이라 그가 징계를 받으므로 우리는 평화를 누리고 그가 채찍에 맞으므로 우리는 나음을 받았도다 ⁶우리는 다 양 같아서 그릇 행하여 각기 제 길로 갔거늘 여호와께서는 우리 모두의 죄악을 그에게 담당시키셨도다 ⁷그가 곤욕을 당하여 괴로울 때에도 그의 입을 열지 아니하였음이여 마치 도수장으로 끌려 가는 어린 양과 털 깎는 자 앞에서 잠잠한 양 같이 그의 입을 열지 아니하였도다 ⁸그는 곤욕과 심문을 당하고 끌려 갔으나 그 세대 중에 누가 생각하기를 그가 살아 있는 자들의 땅에서 끊어짐은 마땅히 형벌 받을 내 백성의 허물 때문이라 하였으리요 ⁹그는

강포를 행하지 아니하였고 그의 입에 거짓이 없었으나 그의 무덤이 악인들과 함께 있었으며 그가 죽은 후에 부자와 함께 있었도다 ¹⁰여호와께서 그에게 상함을 받게 하시기를 원하사 질고를 당하게 하셨은즉 그의 영혼을 속건제물로 드리기에 이르면 그가 씨를 보게 되며 그의 날은 길 것이요 또 그의 손으로 여호와께서 기뻐하시는 뜻을 성취하리로다 ¹¹그가 자기 영혼의 수고한 것을 보고 만족하게 여길 것이라 나의 의로운 종이 자기 지식으로 많은 사람을 의롭게 하며 또 그들의 죄악을 친히 담당하리로다 ¹²그러므로 내가 그에게 존귀한 자와 함께 몫을 받게 하며 강한 자와 함께 탈취한 것을 나누게 하리니 이는 그가 자기 영혼을 버려 사망에 이르게 하며 범죄자 중 하나로 헤아림을 받았음이니라 그러나 그가 많은 사람의 죄를 담당하며 범죄자를 위하여 기도하였느니라

01

    하나님 백성의 구원과 회복은 한 사람의 고난 받음과 죽음으로 성취됩니다. 이사야의 예언에 의하면 하나님께서는 한 사람을 당신의 종으로 선택하시고 그에게 세상 모든 사람이 저지른 죄의 벌을 감당하게 하셔서 그를 희생시키심으로 세상과 사람들을 구원으로 인도하십니다. 하나님께서는 그가 상하기를 바라시며, 그가 질고를 당하도록 버려두셨습니다. 그렇게 하나님께서는 한 사람을 세상 모든 피조물과 사람을 위한 '속건제물'guilt offering, 레 5:15, 16, 레 6:2-5, 삼상 6:3, 왕하 12:16로 사용하십니다. 그를 희생제물로 삼아 하나님과 세상, 하나님의 사람 사이 모든 허물과 관련된 보상報償을 정리하시고 그 죄에 대한 책임을 더이상 묻지 않게 하신 것입니다. 여기서 죄의 값을 치르는 '속전'ransom은 하나님께서 지명하여 부르신 그 한 사람에게 주어지는 '고난'으로 처리되는 것입니다. 하나님께 선택된 종은 하나님께서 치르라 하신 죄의 값을 자신의 고난과 고통으로 대신합니다.

02

 이스라엘 백성의 죄와 악은 대단했습니다. 하나님께서는 바벨론을 통해 이스라엘과 예루살렘 그리고 성전 모두를 무너뜨리셨습니다. 그리고 그 백성을 포로가 되게 하셔서 바벨론으로 끌려가게 하셨습니다. 하나님께서는 거기 포로된 땅에서 이스라엘 백성이 세상 가운데 저지른 온갖 죄악에 대하여 값을 치르게 하셨습니다. 과연 이스라엘은 그들의 형제와 이웃 그리고 주변 이방 나라 백성에 대해 큰 죗값을 치러야 했습니다. 하나님의 백성은 그들 가운데 한 형제를 무고하게 죽이고, 그 가족을 팔아버린 일들, 그들이 하나님의 일을 수행하는 사람들에게 행한 온갖 모욕적인 행동들, 주변 나라에게 평안을 전하기보다 전쟁과 폭력의 공포를 안겨준 일들로 죗값을 치러야 했습니다.렘 26:15 그들은 무엇보다 하나님 앞에서 두 마음을 품고 하나님 섬기는 자리를 가증한 우상으로 채운 죗값으로 벌을 받아야 했습니다.호 10:2 그들이 치러야 할 값은 고스란히 그들이 겪어야 하는 고초와 시련으로 그들에게 다가왔습니다.

03

이스라엘은 멸망과 포로됨으로 그들이 저지른 죄에 대한 값을 치렀습니다. 그들은 포로된 곳에서 고초를 겪으며 멸시와 조롱 가운데 시달렸습니다. 바벨론 사람들은 예루살렘 성전에서 탈취한 물건들을 늘어놓고 잔치를 즐겼습니다. 그리고 이스라엘 백성을 데려다가 그들 잔치를 위해 예루살렘 성전의 노래를 부르게 했습니다.시 137:1~3, 단 5:1~3 고난은 이뿐이 아니었습니다. 몇몇은 바벨론 사람들이 세운 신상에 절하지 않는다는 이유로 풀무불에 던져지는 고통을 당했습니다.단 3:1~26 어떤 이는 바벨론 땅에서 하나님께 예배하고 기도하는 일을 계속한다는 이유로 사자가 가득한 감옥에 갇히기도 했습니다.단 6:10~23 그뿐이 아닙니다. 이스라엘 백성은 포로된 땅에서 온 민족이 몰살당할 위기를 겪기도 했습니다.에 3:6~15 그런데 이 모든 고난과 시련으로도 이스라엘이 감당해야 할 죗값은 여전히 남았습니다. 그들은 하나님께서 정해놓으신 기한까지 계속해서 고난과 고통 가운데 머물러야 했습니다.

04

하나님께서는 결국 그 모든 죗값을 포로된 이스라엘 백성에게 온전히 돌리지 않기로 하셨습니다. 하나님께서는 속죄하는 마음으로 포로된 현실의 고난을 받아들이고 하나님의 회복을 소망하는 이스라엘에게 회복의 가능성과 위로를 전하셨습니다.사 40:1 하나님을 믿는 믿음 가운데 신실하게 회복의 때를 기다리면 구원을 얻어 하나님께서 전에 약속하신 시온으로 돌아가게 되리라는 말씀입니다. 그리고, 하나님께서는 이스라엘 백성의 온전한 회복을 위해 한 사람, 그들에게 부과된 죗값을 온전히 치를 한 사람을 세우셨습니다. '하나님의 고난받는 종'입니다. 이사야의 통찰에 의하면,사 53:1-12 그는 하나님의 선택을 받아 하나님의 백성이 감당했어야 하는 모든 죗값을 대신 치렀습니다. 그는 그렇게 질고를 지고 고난의 자리로 나아갔습니다. 그는 찔리고, 상하고, 징계를 받고, 그리고 채찍질을 당했습니다. 그는 결국 그렇게 고난 가운데 죽임을 당해 하나님의 백성 이스라엘이 감당했어야 할 모든 죗값을 대신 치렀습니다.

05

 이사야의 예언을 조금만 더 깊숙이 통찰해 보면, 하나님의 고난받는 종이 자기를 내어주어 고난 가운데 대신 희생되는 어린양의 이미지로 그려지고 있음을 볼 수 있습니다. 하나님의 고난받는 종은 희생 제사를 위해 바쳐진 어린양의 모습을 담고 있습니다. 그는 레위기의 속죄양처럼, 그리고 아사셀 염소처럼 공동체와 모두의 죄를 대신 지고 진영 밖에 내보내져 모진 고난 속에 죽임당합니다. 그는 유월절 어린양처럼 하나님의 심판과 형벌 가운데 구원의 길을 열어 주기 위해 스스로를 내어주어 구원의 표식으로서 자기 피를 뿌렸습니다. 놀라운 것은 이사야 선지자가 고대의 희생양과 유월절 양의 이미지에 말 없는 순종의 이미지를 더하고 있다는 것입니다. 하나님의 고난받는 종은 하나님의 백성과 세상의 구원을 위해 고난 가운데서 그 어떤 변명이나 그 어떤 호소도 늘어놓지 않습니다. 그는 "도수장으로 끌려가는 양과 같이" 묵묵하게 자기에게 주어진 고난의 길을 걸어갑니다.

06

 결국 이사야의 고난받는 하나님의 종은 우리를 위해 우리 죗값을 대신 치르신 예수 그리스도이십니다. 예수님께서는 세상 구원을 위해 보내진 메시아로서 당신의 사역이 하나님의 종으로서 대신 고난 받는 일들이어야 한다는 것을 아셨습니다. 예수님께서는 당신이 회복하여 구원하려 하시는 이 땅 모든 피조물과 사람들에게 죗값이 있음을 아시고 그것을 그 죗값을 해결하는 일이 당신의 사명이라는 것을 확신하셨습니다. 그리고 스스로 죗값을 대신 치르는 자리, 고난의 자리 그리고 죽음의 자리로 나아가셨습니다. 참으로 은혜로운 것은 예수님께서 그 모든 고난과 죽음을 당신 메시아 사역의 선전도구propaganda로 삼지 않으셨다는 것입니다. 예수님께서는 오직 우리의 죗값을 치르는 일에만 관심을 기울이셨습니다. 그래서 예수님께서는 조용히 침묵하시며 어떤 저항이나 항변도 하지 않으신 채 온전히 고난받고 고초를 겪어 죽음에 이르기까지 온전히 그 여정에 최선을 다하셨습니다.

07

    기독교 역사에서 고난은 하나님의 은혜와 하나님의 진리로 이르는 지름길입니다. C.S. 루이스 C.S. Lewis는 그래서 그의 책 『고통의 문제』*The Problem of Pain*, 홍성사에서 "고통은 하나님께 가까워지는 수단일 수 있다"라고 말합니다. 그는 고난 가운데 우리에게 궁극의 영적 성장과 변화가 주어진다고 말합니다. 중요한 것은 우리 주 예수께서 인간의 고난을 구원과 영생, 진리로 향하는 길이 되게끔 정위正位하셨다는 것입니다. 그분은 세상이 추하고 더럽다고 여기는 것 가운데 스스로 서서 그 모든 아픔을 온전함으로 향하는 길이 되게 하셨습니다. 우리의 구원은 말없이 자기를 희생양으로 내어주신 예수님의 순종으로 이루어졌습니다. 우리의 영생은 우리 주 예수께서 유월절 어린양처럼 자기를 내어주되 침묵 가운데 온전히 내어주심으로 이루어졌습니다. 우리가 다시 하나님과 동행하여 은혜와 진리의 길을 걷게 된 것은 예수님께서 자기를 우리 죗값을 치르는 고난의 자리에 온전히 내어주심으로 가능하게 되었습니다.

하나님

God

요한복음 1장 1~36절

Were You There When They Crucified My Lord,
by African-American spiritual, 조성은 편곡,
from William Barton's Old Plantation Hymns, 1899.

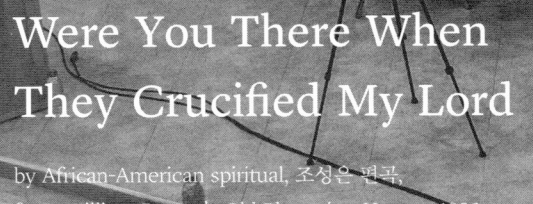

Were You There When They Crucified My Lord

by African-American spiritual, 조성은 편곡,
from William Barton's Old Plantation Hymns, 1899.

QR코드를 스마트폰 카메라로 스캔하면
해당 묵상음악영상으로 이동합니다.

예수께서 거니심을 보고 말하되 보라 하나님의 어린 양이로다

요한복음 1장 36절

요한복음 1장 1~36절

¹태초에 말씀이 계시니라 이 말씀이 하나님과 함께 계셨으니 이 말씀은 곧 하나님이시니라 ²그가 태초에 하나님과 함께 계셨고 ³만물이 그로 말미암아 지은 바 되었으니 지은 것이 하나도 그가 없이는 된 것이 없느니라 ⁴그 안에 생명이 있었으니 이 생명은 사람들의 빛이라 ⁵빛이 어둠에 비치되 어둠이 깨닫지 못하더라 ⁶하나님께로부터 보내심을 받은 사람이 있으니 그의 이름은 요한이라 ⁷그가 증언하러 왔으니 곧 빛에 대하여 증언하고 모든 사람이 자기로 말미암아 믿게 하려 함이라 ⁸그는 이 빛이 아니요 이 빛에 대하여 증언하러 온 자라 ⁹참 빛 곧 세상에 와서 각 사람에게 비추는 빛이 있었나니 ¹⁰그가 세상에 계셨으며 세상은 그로 말미암아 지은 바 되었으되 세상이 그를 알지 못하였고 ¹¹자기 땅에 오매 자기 백성이 영접하지 아니하였으나 ¹²영접하는 자 곧 그 이름을 믿는 자들에게는 하나님의 자녀가 되는 권세를 주셨으니 ¹³이는 혈통으로나 육정으로나 사람의 뜻으로 나지 아니하고 오직 하나님께로부터 난 자들이니라 ¹⁴말씀이 육신이 되어 우리 가운데 거하시매 우리가 그의 영광을 보니 아버지의 독생자의 영광이요 은혜와 진리가 충만하더라 ¹⁵요한이 그에 대하여 증언하여 외쳐 이르되 내가 전에 말하기를 내 뒤에 오시는 이가 나보다 앞선 것은 나보다 먼저 계심이라 한 것이 이 사람을 가리킴이라 하니라 ¹⁶우리가 다 그의 충만한 데서 받으니 은혜 위에 은혜라 ¹⁷율법은 모세로 말미암아 주어진 것이요 은혜와 진리는 예수 그리스도로 말미암아 온 것이라 ¹⁸본래 하나님을 본 사람이 없으되 아버지 품 속에 있는 독생하신 하나님이 나타내셨느니라 ¹⁹유대인들이 예루살렘에서 제사장들과 레위인들을 요한에게 보내어 네가 누구냐 물을 때에 요한의 증언이 이러하니라 ²⁰요한이 드러내어 말하고 숨기지 아니하니

드러내어 하는 말이 나는 그리스도가 아니라 한대 ²¹또 묻되 그러면 누구냐 네가 엘리야냐 이르되 나는 아니라 또 묻되 네가 그 선지자냐 대답하되 아니라 ²²또 말하되 누구냐 우리를 보낸 이들에게 대답하게 하라 너는 네게 대하여 무엇이라 하느냐 ²³이르되 나는 선지자 이사야의 말과 같이 주의 길을 곧게 하라고 광야에서 외치는 자의 소리로라 하니라 ²⁴그들은 바리새인들이 보낸 자라 ²⁵또 물어 이르되 네가 만일 그리스도도 아니요 엘리야도 아니요 그 선지자도 아닐진대 어찌하여 세례를 베푸느냐 ²⁶요한이 대답하되 나는 물로 세례를 베풀거니와 너희 가운데 너희가 알지 못하는 한 사람이 섰으니 ²⁷곧 내 뒤에 오시는 그이라 나는 그의 신발끈을 풀기도 감당하지 못하겠노라 하더라 ²⁸이 일은 요한이 세례 베풀던 곳 요단 강 건너편 베다니에서 일어난 일이니라 ²⁹이튿날 요한이 예수께서 자기에게 나아오심을 보고 이르되 보라 세상 죄를 지고 가는 하나님의 어린 양이로다 ³⁰내가 전에 말하기를 내 뒤에 오는 사람이 있는데 나보다 앞선 것은 그가 나보다 먼저 계심이라 한 것이 이 사람을 가리킴이라 ³¹나도 그를 알지 못하였으나 내가 와서 물로 세례를 베푸는 것은 그를 이스라엘에 나타내려 함이라 하니라 ³²요한이 또 증언하여 이르되 내가 보매 성령이 비둘기 같이 하늘로부터 내려와서 그의 위에 머물렀더라 ³³나도 그를 알지 못하였으나 나를 보내어 물로 세례를 베풀라 하신 그이가 나에게 말씀하시되 성령이 내려서 누구 위에든지 머무는 것을 보거든 그가 곧 성령으로 세례를 베푸는 이인 줄 알라 하셨기에 ³⁴내가 보고 그가 하나님의 아들이심을 증언하였노라 하니라 ³⁵또 이튿날 요한이 자기 제자 중 두 사람과 함께 섰다가 ³⁶예수께서 거니심을 보고 말하되 보라 하나님의 어린 양이로다

01

　세례자 요한은 하나님의 아들 예수 그리스도의 사역을 예비하고 그분이 하실 일에 대해 알리는 역할을 다했습니다. 세례 요한은 유다 광야로 나가 거기 살면서 하나님의 아들 예수께서 새로운 이스라엘, 새로운 하나님의 백성을 이끌고 당신의 나라로 나아가는 것을 준비했습니다. 그래서 한편으로 요단강에서 백성들에게 회개할 것과 세례받을 것을 강조하면서 동시에 오실 예수님을 맞이할 준비를 하고 있었습니다. 그는 자기 뒤에 오실 예수님께서 이 모든 것을 완수하시리라 확신했습니다. 그가 아는 한 예수님께서는 새로운 이스라엘을 이끌고 요단을 건너 광야를 행진하여 새로운 예루살렘으로 나아갈 것입니다. 그런데 요한은 그런 예수님의 메시아 여정이 어린양의 길임을 알았습니다. 그는 자기에게 세례받기 위해 오시는 예수님을 바라보며 이렇게 말했습니다. "보라. 하나님의 어린양이로다." 요 1:29 세례자 요한은 예수님께서 고난 가운데 대신 죽어 자신을 희생하는 어린양의 길을 걸으시리라 본 것입니다.

02

    요한은 하나님의 어린양으로서 예수님을 확신했습니다. 그는 예수님께서 스스로 하나님의 유월절 속죄양이 되셔서 대신 죽고 희생되시어 세상과 사람들을 하나님의 구원으로 인도하리라 믿었습니다. 예수님께서는 그런 요한에게 화답이라도 하듯 요한이 예상하고 확신한 대로 길을 걸으셨습니다. 예수님께서는 우선 요단 강에서 요한에게 세례를 청하셨습니다. 요한은 예수님께 자신이 오히려 예수님에게 세례를 받아야 한다고 말했으나 예수님께서는 스스로 참 하나님 백성의 길을 걷기 위해 당신 역시 세례를 받아야 한다고 말씀하셨습니다. 마 3:14~15 하나님의 백성은 하나님 구원의 여정을 따라 먼저 온전하여 정결한 주의 백성으로 서야 했습니다. 요단 강의 세례는 바로 그런 의미를 담고 있었습니다. 요한은 스스로 구원을 이끌 메시아이면서 조용히 세례받는 가운데 요단 강을 건너 그 주변을 기도하며 거니시는 예수님을 바라보며, 다시 한번 그다운 고백을 외쳤습니다. "보라, 하나님의 어린양이로다." 요 1:36

03

과연 예수님의 길은 '하나님의 어린양'으로서의 길이었습니다. 예수님께서는 하나님께서 세상을 구원하기 위해 취하신 방식을 잘 아셨습니다. 그리고 하나님께서 정하신 길을 걸으셨습니다. 우리는 그 길을 어린양의 길이라고 불러야 합니다. 무엇보다 예수님께서는 하나님의 어린양으로서 '자기 비움'kenosis, self-emptying의 길을 가셨습니다. 예수님께서는 하나님의 자기를 그대로 드러내심이 세상 구원의 길이 될 수 없음을 아셨습니다. 예수님께서는 대신 하나님의 자기를 비우시고 자기를 낮추심이 세상을 구원하는 길임을 보셨습니다. 그래서 바울의 고백대로 예수님께서는 하늘의 보좌에 계셨으나 인간이 되셨고, 인간으로부터 더 낮아져 종이 되셨으며, 결국에는 더욱 낮아지셔서 십자가에 죽기까지 자기를 비우고 내어주심으로 하나님의 구원을 이루셨습니다.빌 2:5-8 예수님의 어린양 됨은 결국 자기를 내세우지 않고 자기를 비워 겸손하게 자기를 내어주는 일로 성취되고 완성되었습니다.

04

    하나님의 세상 가운데 자기 실현self-realization으로서 아들 예수 그리스도의 사역은 하나님의 뜻하신 그대로 어린양의 모습으로 나타나야 했습니다. 사도 요한이 예수님을 하나님의 '말씀'으로 본 것,요 1:1 그리고 그 말씀이 육신이 되어 우리에게 온 것,요 1:14 모두가 세례 요한의 놀라운 통찰과 고백, 바로 하나님의 어린양 되심요 1:29,36을 지향하고 있는 것입니다. 삼위일체 하나님의 한 분이신 아들 예수님께서는 아버지께서 뜻하신 바를 그대로 말씀으로 구현하셔서 질서 있고 조화로운 창조 세계를 이루셨습니다. 그리고 이제 세상을 온전히 하나님의 품으로 되돌리고자 하나님의 뜻을 실현하는 말씀으로서 자신을 하나님 구원의 실체, 즉 하나님 어린양의 모습으로 이 땅 가운데 드러내셨습니다. 사도 요한도, 세례자 요한도 이런 예수님의 실체를 여실히 보았습니다. 사도 요한과 세례자 요한은 예수님의 어린양 되신 모습을 목도하고 고백하는 가운데 세상에 그 놀라운 모습을 증거하여 전파하고 있는 것입니다.

05

 무엇보다 예수님께서는 스스로 고난 가운데 대신 죽어 자기를 희생하는 어린양의 비전을 실현하기 위해 온전히 그 길을 걸으셨습니다. 예수님께서 가신 길은 유월절 희생양의 길이었습니다. 예수님께서 가신 길은 죗값을 대신 치르기 위해 고난받고 죽임당하는 속죄양의 길이었습니다. 무엇보다 예수님께서는 하나님께서 대신 죽도록 준비하신 '여호와이레' 어린양의 자리, 그 십자가 고난과 죽음의 자리로 조용히 순종하여 나아가셨습니다. 예수님께서는 이삭처럼 자신이 죽을 나무를 지고 산으로 오르셨습니다. 예수님께서는 유월절 어린양처럼 자기의 피를 뿌려 하나님 구원의 표식이 되게 하셨습니다. 예수님께서는 무엇보다 고난받는 하나님의 종이 되셔서 아무런 말도, 아무런 변명도, 아무런 저항도 없이 하나님의 뜻을 실현하는 어린양의 길을 가셨습니다. 예수님께서는 오직 당신만이 하나님의 뜻을 이룰 수 있음을 아셨습니다. 그리고 하나님의 어린양으로서 주어진 길을 말없이 걸으셨습니다.

06

　예수님께서 하나님의 어린양으로서 그 주어진 길을 걸으시는 동안 우리는 그저 그 모습을 바라보기만 합니다. 하나님의 어린양으로서 주어진 사명을 수행하는 예수님의 길에서 우리가 할 수 있는 일은 아무것도 없습니다. 우리는 그저 예수님을 바라보기만 합니다. 그래서 세례 요한은 우리에게 "보라"라는 말을 반복했습니다. 사도 요한은 예수님께서 처형되는 현장에서 아무 말 없이 그 모습을 지켜보며 예수님께서 하시는 말씀을 듣기만 했습니다. 이런 면에서 우리는 빌라도의 저 유명한 고백적 주장을 잘 살펴야 합니다. 그는 점점 광포해 가는 군중들을 향해 이렇게 외쳤습니다. "이 사람을 보라." 요 19:5 그는 성난 군중과 무죄한 예수님 사이에서 할 말을 잃었습니다. 그래서 그의 말은 우리에게 이렇게 들립니다. '당신들이 그렇게 몰아세우지 않아도 묵묵히 자기의 주어진 길을 가는 이 사람을 보라...우리는 이제 예수가 가는 길을 지켜보는 것 외에 다른 무엇을 할 일이 아무것도 없다.'

07

　오래전 리용의 이레니우스Irenaeus of Lyons가 말한 것처럼 고난받고 죽임당해 십자가에 달린 모습이야말로 우리가 바라보아야 하는 예수님의 참된 정체, 하나님의 어린양으로서 예수님의 모습입니다. 우리는 예수님을 하나님의 어린양 되신 모습으로 기억하고 고백해야 합니다. 그래서 중세의 신실한 신학자 토마스 아퀴나스Thomas Aquinas 역시 요한에게 기대어 이런 고백을 남겼습니다. "하나님의 어린양은 하나님의 말씀 자체입니다. 그 분은 우리를 구원하시기 위해 인간으로 오셨고 십자가에서 고통 가운데 죽임당하셨습니다." 사도 요한의 통찰과 세례자 요한의 고백 그리고 기독교 신앙 역사의 위대했던 인물들의 깨달음은 오늘 우리의 진중한 통찰이어야 하고 우리의 진지한 깨달음이어야 합니다. 고난받고 십자가에 죽임당하신 예수님을 온전히 이해하는 길은 그분을 하나님의 어린양으로 이해하고 받아들이는 것입니다. 하나님의 어린양이신 예수님에게 우리 구원의 능력이 있습니다.

순종

Obedience

누가복음 22장 1~46절

Via Dolorosa,
Niles Borop & Billy Sprague, 1984.

Via Dolorosa

Niles Borop & Billy Sprague, 1984.

QR코드를 스마트폰 카메라로 스캔하면
해당 묵상음악영상으로 이동합니다.

내 원대로 마시옵고 아버지의 원대로 되기를 원하나이다

누가복음 22장 42절

누가복음 22장 1~46절

¹유월절이라 하는 무교절이 다가오매 ²대제사장들과 서기관들이 예수를 무슨 방도로 죽일까 궁리하니 이는 그들이 백성을 두려워함이더라 ³열둘 중의 하나인 가룟인이라 부르는 유다에게 사탄이 들어가니 ⁴이에 유다가 대제사장들과 성전 경비대장들에게 가서 예수를 넘겨 줄 방도를 의논하매 ⁵그들이 기뻐하여 돈을 주기로 언약하는지라 ⁶유다가 허락하고 예수를 무리가 없을 때에 넘겨 줄 기회를 찾더라 ⁷유월절 양을 잡을 무교절 날이 이른지라 ⁸예수께서 베드로와 요한을 보내시며 이르시되 가서 우리를 위하여 유월절을 준비하여 우리로 먹게 하라 ⁹여짜오되 어디서 준비하기를 원하시나이까 ¹⁰이르시되 보라 너희가 성내로 들어가면 물 한 동이를 가지고 가는 사람을 만나리니 그가 들어가는 집으로 따라 들어가서 ¹¹그 집 주인에게 이르되 선생님이 네게 하는 말씀이 내가 내 제자들과 함께 유월절을 먹을 객실이 어디 있느냐 하시더라 하라 ¹²그리하면 그가 자리를 마련한 큰 다락방을 보이리니 거기서 준비하라 하시니 ¹³그들이 나가 그 하신 말씀대로 만나 유월절을 준비하니라 ¹⁴때가 이르매 예수께서 사도들과 함께 앉으사 ¹⁵이르시되 내가 고난을 받기 전에 너희와 함께 이 유월절 먹기를 원하고 원하였노라 ¹⁶내가 너희에게 이르노니 이 유월절이 하나님의 나라에서 이루기까지 다시 먹지 아니하리라 하시고 ¹⁷이에 잔을 받으사 감사 기도 하시고 이르시되 이것을 갖다가 너희끼리 나누라 ¹⁸내가 너희에게 이르노니 내가 이제부터 하나님의 나라가 임할 때까지 포도나무에서 난 것을 다시 마시지 아니하리라 하시고 ¹⁹또 떡을 가져 감사 기도 하시고 떼어 그들에게 주시며 이르시되 이것은 너희를 위하여 주는 내 몸이라 너희가 이를 행하여 나를 기념하라 하시고 ²⁰저녁 먹은 후에 잔도 그와 같이 하여 이르시되 이 잔은 내 피로 세우는 새 언약이니 곧 너희를 위하여 붓는 것이라 ²¹그러나 보라 나를 파는 자의 손이 나와 함께 상 위에 있도다 ²²인자는 이미 작정된 대로 가거니와 그를 파는 그 사람에게는 화가 있으리로다 하시니 ²³그들이 서로 묻되 우리 중에서 이 일을 행할 자가 누구일까 하더라 ²⁴또 그들 사이에 그 중 누가 크냐 하는 다툼이 난지라 ²⁵예수께서 이르시되 이

방인의 임금들은 그들을 주관하며 그 집권자들은 은인이라 칭함을 받으나 26너희는 그렇지 않을지니 너희 중에 큰 자는 젊은 자와 같고 다스리는 자는 섬기는 자와 같을지니라 27앉아서 먹는 자가 크냐 섬기는 자가 크냐 앉아서 먹는 자가 아니냐 그러나 나는 섬기는 자로 너희 중에 있노라 28너희는 나의 모든 시험 중에 항상 나와 함께 한 자들인즉 29내 아버지께서 나라를 내게 맡기신 것 같이 나도 너희에게 맡겨 30너희로 내 나라에 있어 내 상에서 먹고 마시며 또는 보좌에 앉아 이스라엘 열두 지파를 다스리게 하려 하노라 31시몬아, 시몬아, 보라 사탄이 너희를 밀 까부르듯 하려고 요구하였으나 32그러나 내가 너를 위하여 네 믿음이 떨어지지 않기를 기도하였노니 너는 돌이킨 후에 네 형제를 굳게 하라 33그가 말하되 주여 내가 주와 함께 옥에도, 죽는 데에도 가기를 각오하였나이다 34이르시되 베드로야 내가 네게 말하노니 오늘 닭 울기 전에 네가 세 번 나를 모른다고 부인하리라 하시니라 35그들에게 이르시되 내가 너희를 전대와 배낭과 신발도 없이 보내었을 때에 부족한 것이 있더냐 이르되 없었나이다 36이르시되 이제는 전대 있는 자는 가질 것이요 배낭도 그리하고 검 없는 자는 겉옷을 팔아 살지어다 37내가 너희에게 말하노니 기록된 바 그는 불법자의 동류로 여김을 받았다 한 말이 내게 이루어져야 하리니 내게 관한 일이 이루어져 감이니라 38그들이 여짜오되 주여 보소서 여기 검 둘이 있나이다 대답하시되 족하다 하시니라 39예수께서 나가사 습관을 따라 감람 산에 가시매 제자들도 따라갔더니 40그 곳에 이르러 그들에게 이르시되 유혹에 빠지지 않게 기도하라 하시고 41그들을 떠나 돌 던질 만큼 가서 무릎을 꿇고 기도하여 42이르시되 아버지여 만일 아버지의 뜻이거든 이 잔을 내게서 옮기시옵소서 그러나 내 원대로 마시옵고 아버지의 원대로 되기를 원하나이다 하시니 43천사가 하늘로부터 예수께 나타나 힘을 더하더라 44예수께서 힘쓰고 애써 더욱 간절히 기도하시니 땀이 땅에 떨어지는 핏방울 같이 되더라 45기도 후에 일어나 제자들에게 가서 슬픔으로 인하여 잠든 것을 보시고 46이르시되 어찌하여 자느냐 시험에 들지 않게 일어나 기도하라 하시니라

01

예수 그리스도의 정체는 그의 하늘을 향한 순종順從, obedience의 모습에서 드러납니다. 하나님의 어린양 예수님께서는 하나님께 순종하여 자기에게 주어진 십자가의 길을 가셨습니다. 예수님께서는 하나님께서 스스로 창조하신 세상을 지극히 사랑하시는 것을 잘 아셨습니다. 그래서 하나님의 보냄을 받아 스스로 이 땅에 오셔서 자기를 비우신 가운데 가장 인간다운 삶을 사셨습니다. 하나님의 아들 예수님께서는 스스로를 종으로 더욱 낮추시어 사람들을 사랑으로 섬기는 가운데 그들의 삶을 회복시키시고 새롭게 하시는 일에 헌신하셨습니다. 그뿐이 아닙니다. 하나님의 종, 예수 그리스도께서는 자기를 어린양 속전으로 내어주시고 자기를 고난과 대신 죽음 가운데 던지심으로 우리를 세상 죄와 악으로부터 구원하여 인도해 내셨습니다. 예수님께서는 하고 싶은 것만 하는 자기애와 자기 집착에 빠진 다른 신들과 달리 스스로를 사랑에 얽매고 원치 않은 길을 순종으로 걸어가신 참된 신, 참 하나님의 아들이셨습니다.

02

 예수님은 묵묵히 순종하는 '유월절 어린양'the paschal lamb이 되셨습니다. 사람들은 시간이 갈수록 점점 가학적인 모습을 드러냈습니다. 그들은 더 많은 죄를 예수님에게 씌우고, 더 많은 허물을 예수님에게 얹었습니다. 그렇게 허물과 죄목이 쌓일수록 사람들은 예수님에게 더욱 잔인한 폭력을 휘둘렀습니다. 그들은 예수님의 살을 찢고 뼈를 부러뜨리며 그 연약한 몸에서 흘러나오는 피에 광분했습니다. 안타깝게도 시간이 지날수록 예수님을 희생양으로 몰아세우는 사람들은 늘어만 갔습니다. 처음에는 몇몇 성전 사람들과 가룟 유다가 일을 도모했지만, 이윽고 예루살렘의 정치가들과 위정자들이 그 일에 끼어들었고, 결국에 예루살렘 전체와 로마의 통치자들과 군인들도 그 폭력적인 어린양 희생의 행진에 동참했습니다. 제자들과 예수님의 사람들은 그 광포한 행진 앞에 침묵했습니다. 몇몇은 고난받는 어린양의 편이 아니라 폭력적인 군중의 틈에 서서 예수님을 철저하게 짓밟은 모든 과정을 지켜보기만 했습니다.

03

 예수님을 유월절의 희생양으로 삼은 그날의 일들은 참담합니다. 세상 모든 '희생양 메커니즘'이 그렇듯 예수님을 희생양으로 삼아 처형하는 광적인 축제는 의도하지 않았으나 의도한 듯 철저한 분담으로 진행되었습니다. 예수님을 희생양으로 지목한 사람과 그를 죽일 일을 계획한 사람들, 고문하여 죄목을 만들어 낸 사람들, 로마의 법정에 기소한 사람들, 예수님을 재판한 사람들, 예수님을 십자가에 죽이기로 최종 판결한 사람들, 그리고 마지막에 예수님을 십자가에 처형한 사람들이 모두 다른 사람들입니다. 그들은 마치 현대 도축장의 가축 도살 과정처럼 철저한 분업으로 예수님을 희생양이 되게 했습니다. 누구도 예수님을 희생양이 되게 한 사실에 책임을 묻지 않습니다. 물론 누구도 책임을 지지도 않습니다. 유월절 희생양으로서 예수님의 죽음, 그 처절한 고난의 행진에는 하나님의 단호한 의지와 하나님의 어린양이 되기로 마음먹은 아들의 순종, 그리고 그 아들의 고독한 결행만이 있었습니다.

04

　예수님께서는 당신이 유월절의 어린양이 되어야 한다는 사실 앞에서 진지하셨습니다. 예수님께서 결단하신 십자가의 길은 여정이 지난至難했고, 과정이 험난했으며, 단계도 복잡했습니다. 많은 이들이 예수님께서 하나님의 어린양으로 드려지는 과정에 끼어있었습니다. 너무나 많은 사건이 예수님께서 가시고자 하는 십자가의 길을 혼미하게 하고 있었습니다. 자칫 국가를 상대로 하는 사기꾼 모리배 수준으로 전락할 수 있었습니다. 십자가에 도달하기도 전에 유대인들 사이에서 돌로 쳐 죽임을 당하는 낭패가 발생할 수도 있었습니다. 무엇보다 십자가의 길을 가로막으며 말리는 사람들이 너무 많았습니다. 예수님께서 선택하신 십자가의 길은 예리한 면도날 위를 걸어가는 것과 같았습니다. 그 길은 자칫 어리숙한 미궁maze이 되어버릴 위험이 있었습니다. 그러나 예수님께서는 단호함과 하늘의 분별력으로 그 길을 헤쳐나가셨습니다. 그리고 결국에 하나님의 어린양으로 온전히 죽임을 당하는 최종의 단계에 올라서셨습니다.

05

하나님께서는 아들 예수님께서 십자가로 나아갈 것을 결단한 이래로 침묵하셨습니다. 그것은 어렵고 힘든 길을 가는 이에 대한 마음의 그저 그런 '단순한 외면'mere avoidance을 의미하지 않습니다. 그것은 스스로 결단하여 의의 길을 가는 아들에 대한 아버지의 조용한 동의와 '침묵어린 동행'silent companion이라 하는 것이 옳습니다. 그것은 마치 아들 이삭과 함께 사흘 길을 걸어 모리아 산으로 향하는 아브라함의 무거운 침묵과도 같으며 자기가 죽을 번제 나무를 지고 오르는 이삭을 바라보는 아버지의 슬픈 묵언과도 같습니다. 아버지는 늘 아들을 기뻐하시며 아들과 대화하셨습니다.눅 3:22, 막 1:35 때로는 천사를 보내셔서 아들에게 힘을 보태셨습니다.눅 22:43 그러나 마지막 십자가로 나아가는 길에서 아버지는 침묵하셨습니다. 그렇게 하는 것이 아들이 성취할 세상 구원의 크고 놀라운 일을 위해 옳다고 여기신 것입니다. 예수님께서 하나님의 어린양 되심은 그렇게 하늘의 깊은 침묵 가운데 이루어졌습니다.

06

어린양 되신 예수님의 죽음은 무모하여 변변치 못한 죽음이 아닙니다. 세상은 자기들이 사악함으로 도모한 어린양 예수의 죽음을 애써 외면하여 덮어두려 하지만, 그 모든 일을 궁극에 주도하신 하늘 하나님께서는 어린양 예수의 죽음이 하나님과의 화해의 길, 새로운 창조의 길이 되게 하셨습니다. 예수님께서 어린양으로 십자가에 죽으시고 그 능력으로 세상을 구원하시는 일을 가로막은 장본인, 사탄의 계획은 실패했습니다. 그와 그를 따르던 모든 악의 도모자들, 희생양 폭력의 동조자들은 이제 두려워 떨어야 합니다. 예수님께서 갈릴리에서 외치신 그 놀라운 선언 "사탄이 하늘로부터 번개같이 떨어지는 것을 내가 보았노라"라고 하신 말씀은 이제 현실이 되었습니다.눅 10:18 어린양 되신 예수님의 십자가가 최종 승리를 이룬 것입니다. 예수님께서 하나님의 어린양으로 십자가에 죽으심으로 사탄은 하늘 권세의 자리로로부터 떨어지고 하나님의 사랑으로 세상을 구원하시려는 뜻이 우뚝 서게 되었습니다.

07

　우리 시대의 멋진 성서학자 톰 라이트N.T. Wright는 그의 책 『혁명이 시작된 날』*The Day the Revolution Began*, 비아토르에서 이렇게 말했습니다. "십자가는 하나님의 나라가 변혁을 일으키는 능력 속에서 하나님의 나라가 드러난 곳입니다. 그곳은 하나님의 아들 예수님이 순종의 마음으로 그의 생명을 드려 죄와 사망의 권세를 물리친 곳이며 하나님의 새 창조 시작이 선언된 곳입니다." 우리가 새로운 세상을 소망하고 새 삶의 가능성을 엿볼 수 있게 된 것은 예수님께서 하나님의 순종하는 어린양이 되셨기 때문입니다. 순응順應, adjustment이 아니라 순종順從, obedience으로 새 길을 여신 것입니다. 끊임없이 누군가를 구렁텅이에 빠뜨리고 나를 대신해 그를 죽음으로 몰아넣어야 살 수 있는 세상, 그 사악한 숙명의 쳇바퀴가 돌아가는 세상에서 예수님의 순종은 우리에게 빛이며 희망입니다. 하나님의 어린양 예수님께서는 우리에게 순종이 이룰 새로운 국면, 새로운 세상을 믿고 기대하라고 하십니다.

기억

Remembrance

누가복음 24장 13~35절

Abendlied(Evening Song),
Josef Rheinberger, op.63-3.

Abendlied (Evening Song)

Josef Rheinberger, op.63-3.

QR코드를 스마트폰 카메라로 스캔하면
해당 묵상음악영상으로 이동합니다.

그들과 함께 음식 잡수실 때에 떡을 가지사 축사하시고 떼어
그들에게 주시니 그들의 눈이 밝아져 그인 줄 알아 보더니
예수는 그들에게 보이지 아니하시는지라

누가복음 24장 30~31절

누가복음 24장 13~35절

¹³그 날에 그들 중 둘이 예루살렘에서 이십오 리 되는 엠마오라 하는 마을로 가면서 ¹⁴이 모든 된 일을 서로 이야기하더라 ¹⁵그들이 서로 이야기하며 문의할 때에 예수께서 가까이 이르러 그들과 동행하시나 ¹⁶그들의 눈이 가리어져서 그인 줄 알아보지 못하거늘 ¹⁷예수께서 이르시되 너희가 길 가면서 서로 주고받고 하는 이야기가 무엇이냐 하시니 두 사람이 슬픈 빛을 띠고 머물러 서더라 ¹⁸그 한 사람인 글로바라 하는 자가 대답하여 이르되 당신이 예루살렘에 체류하면서도 요즘 거기서 된 일을 혼자만 알지 못하느냐 ¹⁹이르시되 무슨 일이냐 이르되 나사렛 예수의 일이니 그는 하나님과 모든 백성 앞에서 말과 일에 능하신 선지자이거늘 ²⁰우리 대제사장들과 관리들이 사형 판결에 넘겨 주어 십자가에 못 박았느니라 ²¹우리는 이 사람이 이스라엘을 속량할 자라고 바랐노라 이뿐 아니라 이 일이 일어난 지가 사흘째요 ²²또한 우리 중에 어떤 여자들이 우리로 놀라게 하였으니 이는 그들이 새벽에 무덤에 갔다가 ²³그의 시체는 보지 못하고 와서 그가 살아나셨다 하는 천사들의 나타남을 보았다 함이라 ²⁴또 우리와 함께 한 자 중에 두어 사람이 무덤에 가 과연 여자들이 말한 바와 같음을 보았으나 예수는 보지 못하였느니라 하거늘 ²⁵이르시되 미련하고 선지자들이 말한 모든 것을 마음

에 더디 믿는 자들이여 ²⁶그리스도가 이런 고난을 받고 자기의 영광에 들어가야 할 것이 아니냐 하시고 ²⁷이에 모세와 모든 선지자의 글로 시작하여 모든 성경에 쓴 바 자기에 관한 것을 자세히 설명하시니라 ²⁸그들이 가는 마을에 가까이 가매 예수는 더 가려 하는 것 같이 하시니 ²⁹그들이 강권하여 이르되 우리와 함께 유하사이다 때가 저물어가고 날이 이미 기울었나이다 하니 이에 그들과 함께 유하러 들어가시니라 ³⁰그들과 함께 음식 잡수실 때에 떡을 가지사 축사하시고 떼어 그들에게 주시니 ³¹그들의 눈이 밝아져 그인 줄 알아 보더니 예수는 그들에게 보이지 아니하시는지라 ³²그들이 서로 말하되 길에서 우리에게 말씀하시고 우리에게 성경을 풀어 주실 때에 우리 속에서 마음이 뜨겁지 아니하더냐 하고 ³³곧 그 때로 일어나 예루살렘에 돌아가 보니 열한 제자 및 그들과 함께 한 자들이 모여 있어 ³⁴말하기를 주께서 과연 살아나시고 시몬에게 보이셨다 하는지라 ³⁵두 사람도 길에서 된 일과 예수께서 떡을 떼심으로 자기들에게 알려지신 것을 말하더라

01

하나님의 구원을 기억하고 기념하는 일은 이스라엘 자손에게 오래된 전통입니다. 이스라엘 백성은 오래전 애굽 땅에서 하나님께서 그들을 구해내셨던 사건을 유월절이라는 이름의 절기로 지키며 그 날의 일들을 기억하고 여러 예식적 절차를 통해 그 날의 일들을 기념했습니다. 이런 식의 기억과 기념의 중요성을 일깨운 사람은 모세였습니다. 모세는 이스라엘 자손에게 하나님의 재앙을 전하면서 하나님의 재앙을 피할 방법으로서 유월절의 방식을 가르쳤습니다. 그리고 이렇게 말했습니다. "너희는 이 날을 기념하여 여호와의 절기를 삼아 영원한 규례로 대대로 지킬지니라" 출 12:14 유월절 전통은 오랜 세월 이스라엘 백성 사이에 이어졌습니다. 예수님 시절에도 이 전통은 계속되었습니다. 그래서 예수님께서도 당신이 체포되기 전 날 밤, 그러니까 유월절 전날에 제자들과 함께 식사하시며 하나님의 구원을 기억하고 기념하셨습니다. 눅 22:7-15 이것이 우리가 아는 '주의 만찬'the Lord's Supper, 즉 성만찬의 시작입니다.

02

    예수님께서는 당신의 마지막 유월절 식사에서 예수님을 믿는 사람들만의 특별하고 거룩한 식사의 방식을 가르치셨습니다. 예수님께서는 유월절 식탁의 예식을 새롭게 해석하셨습니다. 당신 스스로를 식탁의 중심에 두시고 제자들에게 당신의 유월절 어린양 되어 죽으심을 기억하고 기념할 것을 당부하신 것입니다. 예수님께서는 먼저 떡을 드시고 그것을 당신의 몸으로 설명하시면서 당신의 몸으로서 떡을 찢어 나누어 주시며 "받으라"고 말씀하셨습니다.막 14:22 이어서 예수님께서는 제자들에게 잔에 포도주를 채워 나누어 주시며 이렇게 말씀하셨습니다. "이것은 많은 사람을 위하여 흘리는 나의 피 곧 언약의 피니라."막 14:24 그리고 예수님께서는 제자들에게 이렇게 당부하셨습니다. "너희가 이것을 행하여 나를 기념하라."눅 22:19 예수님께서 가르치신 이 모든 예식의 절차는 오직 한 가지를 지향합니다. 예수님을 믿고 따르는 제자들이 예수님께서 어린양의 모습으로 고난받으시고 죽으셨음을 기억하는 것입니다.

03

　예수님께서 하나님의 어린양 되심을 기억하는 일의 첫 실습은 공교롭게도 엠마오로 내려가는 두 제자에게서 발생합니다. 예수님께서 십자가에 처형되시고 다시 사셨다는 소식이 들려오던 시점에 예수님의 제자 가운데 글로바라는 사람과 또 한 사람은 예수님께서 당부하신 대로 예루살렘에 머물러 있지 않고 욥바로 내려가는 길 한 편 엠마오라고 불리는 마을을 향해 내려가고 있었습니다. 내려간다는 표현이 의미하는 바가 다 그렇듯 그들은 그들 머릿속과 마음 그리고 삶에서 예수님을 지우려 하고 있었습니다. 그런데 예수님께서 당신과 멀어지고 있는 제자들에게 나타나셨습니다. 예수님께서는 그들과 다시 함께 한 성만찬에서 그들을 일깨우셨습니다. 예수님께서 주시는 떡과 잔을 받아든 제자들은 눈이 밝아졌습니다.눅 24:31 그들은 성만찬의 예식이 치러지는 가운데 예수님을 다시 '기억'하게 되었습니다. 그리고 하나님의 어린양 예수님의 도리를 전하는 제자의 삶으로 다시 돌아오게 되었습니다.

04

    어린양 예수님을 다시 기억하게 되고 예수님의 십자가 죽으심과 부활을 기념하는 삶으로 돌아오는 일들은 이후 성경 곳곳에서 나타납니다. 이런 일의 가장 큰 수혜자는 바로 수제자인 베드로였습니다. 그는 예수님께서 체포되시던 날 밤에 예수님을 세 번이나 부인했습니다. 그의 부인은 예수님께서 십자가의 길을 가리라 선언하셨을 때 그 길을 가로막은 이래로 또 다른 특별한 의미를 갖습니다.마 16:13-24 그는 가야바 법정 마당에서 끝내 예수님의 하나님 어린양 되심을 이해하지 못하고 그것을 받아들이지 못한 한 사람으로 남았습니다. 그런데 그런 그에게 예수님께서 다시 찾아오셨습니다. 예수님께서는 밤새 그물질로 피곤한 그에게 아침 식사를 마련해 주시고 그에게 떡을 떼어 주셨습니다. 그리고 그에게 당신의 십자가 길을 따를 것을 요청하셨습니다.요 21:12-19 예수님의 떡을 받아든 베드로는 이후 평생 예수님께서 어린양의 모습으로 보이신 참된 구원의 길, 그 진리의 길을 따르는 제자가 되었습니다.

05

　성만찬Eucharist은 이후 교회에서 예수님께서 어린양 되심을 기억하고 기념하는 중요한 예식이 되었습니다. 바울과 사도들은 예수의 가르침에 충실해 어린양 되신 주 예수 그리스도의 살과 피를 나누는 일을 중요한 신앙의 일과로 삼았습니다. 사도 바울은 고린도의 형제들에게 주님 가르쳐 주신 성찬의 의미를 강조하면서 이렇게 말했습니다. "내가 너희에게 전한 것은 주께 받은 것이니…나를 기념하라…나를 기념하라 하셨으니 너희가 이 떡을 먹으며 잔을 마실 때마다 주의 죽으심을 그가 오실 때까지 전하는 것이니라." 고전 11:23-26 바울 이후 교회의 전통은 성찬을 통해 우리 주님의 어린양 되어 죽으심을 기억하고 기념하여 전하는 일을 꾸준히 강조해 왔습니다. 교회가 오랜 세월 기억하며 기념해온 것은 명료합니다. 우리 주 예수 그리스도께서 하나님의 어린양으로 우리 대신 고난받고 죽으셨고 부활하셨다는 것입니다. 성찬의 떡을 떼고 잔을 나누는 예식은 모두 어린양 되신 예수님을 기억하고 기념하기 위함입니다.

06

제럴트 싯처Gerald L. Sittser는 『영성의 깊은 샘』*Water from a Deep Well*, IVP에서 어린양 예수님의 살과 피를 나누는 성례전이 우리에게 "스테인드글라스 창과 같은 역할을 한다"라고 말합니다. 교회의 스테인드글라스를 관통해 들어오는 빛 아래서 그 채색된 창을 바라보며 하나님의 사랑을 보고 그 따뜻함을 느낄 수 있듯이, 예수님의 육신으로 오심과 십자가 헌신의 모습을 통해 우리는 하나님을 알고 하나님을 배우며 하나님의 따뜻한 사랑을 경험하게 됩니다. 무엇보다 우리는 어린양의 모습으로 비치는 예수님을 통해 하나님의 은혜와 사랑의 본질과 실체를 경험하게 됩니다. 그렇게 우리는 하나님의 어린양이신 예수님에게 온통 휩싸인 채 주님의 만찬을 나누며 주님의 사랑으로 충만하게 됩니다. 제럴드 싯처는 이렇게 글을 이어갑니다. 어린양 되신 예수님이 그려진 창 아래서 "하나님 빛으로 우리를 비추시고, 은혜로 우리를 회복시키시며, 사랑으로 우리를 채우신다."

07

성례전이 우리 신앙공동체의 고백적 실천에서 스테인드글라스와 같다는 영성가의 조언은 참으로 값진 것입니다. 성례전은 결국 우리가 어린양 예수 안에서 풍성하게 되는 은혜의 수단 means of grace 입니다. 우리는 교회가 질서 가운데 베푸는 성찬 속에서 예수님의 성육신하신 실체로서 하나님의 어린양 되신 모습을 복기합니다. 예수님의 살과 피를 '들어' take '축사하고' bless '뜯고' break '나누는' give out 가운데 우리는 그분의 고난과 그분의 희생, 그분의 대신 죽음의 의미를 되새기고 우리가 그 은혜 가운데 생명을 얻었음을 깨닫습니다. 우리 교회의 모임은 성례전 자체를 목적으로 하지 않습니다. 우리는 성례전을 은혜의 수단으로 삼아 어린양 예수 그리스도를 기억하고 기념하려는 우리의 참 목적에 도달하게 됩니다. 성례전은 우리를 어린양 예수님의 십자가 사역으로 인도합니다. 그렇게 우리는 성례전을 통해 우리의 신앙 고백을 굳건하게 하고 제자로서 증인으로서 세상을 명료하게 살아갑니다.

승리

Victory

요한계시록 7장 1~17절

Agnus Dei,
Wolfgang A. Mozart, in Coronation Mass,
C major, K317 AAM 6

Agnus Dei

Wolfgang A. Mozart, in Coronation Mass,
C major, K317 AAM 6

QR코드를 스마트폰 카메라로 스캔하면
해당 묵상음악영상으로 이동합니다.

큰 소리로 외쳐 이르되 구원하심이
보좌에 앉으신 우리 하나님과 어린 양에게 있도다 하니

요한계시록 7장 10절

요한계시록 7장 1~17절

1 이 일 후에 내가 네 천사가 땅 네 모퉁이에 선 것을 보니 땅의 사방의 바람을 붙잡아 바람으로 하여금 땅에나 바다에나 각종 나무에 불지 못하게 하더라 **2** 또 보매 다른 천사가 살아 계신 하나님의 인을 가지고 해 돋는 데로부터 올라와서 땅과 바다를 해롭게 할 권세를 받은 네 천사를 향하여 큰 소리로 외쳐 **3** 이르되 우리가 우리 하나님의 종들의 이마에 인치기까지 땅이나 바다나 나무들을 해하지 말라 하더라 **4** 내가 인침을 받은 자의 수를 들으니 이스라엘 자손의 각 지파 중에서 인침을 받은 자들이 십사만 사천이니 **5** 유다 지파 중에 인침을 받은 자가 일만 이천이요 르우벤 지파 중에 일만 이천이요 갓 지파 중에 일만 이천이요 **6** 아셀 지파 중에 일만 이천이요 납달리 지파 중에 일만 이천이요 므낫세 지파 중에 일만 이천이요 **7** 시므온 지파 중에 일만 이천이요 레위 지파 중에 일만 이천이요 잇사갈 지파 중에 일만 이천이요 **8** 스불론 지파 중에 일만 이천이요 요셉 지파 중에 일만 이천이요 베냐민 지파 중에 인침을 받은 자가 일만 이천이라 **9** 이 일 후에 내가 보니 각 나라와 족속과 백성과 방언에서 아무도 능히 셀 수 없는 큰 무리가 나와 흰 옷을 입고 손에 종려 가지를 들고 보좌 앞과 어린 양 앞에 서서 **10** 큰 소리로 외쳐 이르되 구원하심이 보좌에 앉으신 우리 하나님과 어린 양에게 있

도다 하니 ¹¹모든 천사가 보좌와 장로들과 네 생물의 주위에 서 있다가 보좌 앞에 엎드려 얼굴을 대고 하나님께 경배하여 ¹²이르되 아멘 찬송과 영광과 지혜와 감사와 존귀와 권능과 힘이 우리 하나님께 세세토록 있을지어다 아멘 하더라 ¹³장로 중 하나가 응답하여 나에게 이르되 이 흰 옷 입은 자들이 누구며 또 어디서 왔느냐 ¹⁴내가 말하기를 내 주여 당신이 아시나이다 하니 그가 나에게 이르되 이는 큰 환난에서 나오는 자들인데 어린 양의 피에 그 옷을 씻어 희게 하였느니라 ¹⁵그러므로 그들이 하나님의 보좌 앞에 있고 또 그의 성전에서 밤낮 하나님을 섬기매 보좌에 앉으신 이가 그들 위에 장막을 치시리니 ¹⁶그들이 다시는 주리지도 아니하며 목마르지도 아니하고 해나 아무 뜨거운 기운에 상하지도 아니하리니 ¹⁷이는 보좌 가운데에 계신 어린 양이 그들의 목자가 되사 생명수 샘으로 인도하시고 하나님께서 그들의 눈에서 모든 눈물을 씻어 주실 것임이라

승리 125

01

하나님의 어린양 예수를 믿는 사람들이 세상 곳곳에서 부흥하기 시작했습니다. 어린양 예수님의 십자가 능력을 믿고 새 삶을 살게 된 이들이 예루살렘으로부터 유대와 사마리아 그리고 땅끝으로 퍼져 나가 그 복된 소식을 전한 것입니다. 사람들은 어린양 은혜를 누리고 나누며 함께하는 어린양 공동체의 삶을 꾸렸습니다. 교회로 모인 사람들은 주 예수 그리스도께서 약속하신 "다시 오리라"는 말씀을 믿으며 행 1:11 그때를 소망하는 가운데 모이기에 힘썼습니다. 그들은 곧 '종말의 신앙공동체'eschatological community를 이루었습니다. 누가보아도 어린양 예수의 승리victory입니다. 어린양 되신 예수 그리스도의 십자가 도리는 '오늘' 세속의 현실을 넘어섭니다. 어린양에 대한 신앙의 고백으로 하나된 신앙공동체는 세속의 현실을 믿음으로 승리하여, 그 결실을 품고 '내일' 오실 예수 그리스도를 두 팔 벌려 맞이하는 사람들입니다.

02

  어린양의 신앙공동체는 예수님께서 십자가에 달리기 전 예루살렘에서 제자들에게 하신 말씀, "인자가 자기 영광으로 모든 천사와 함께 올 때 자기 영광의 보좌에 앉으리라"는 말씀을 기대합니다.마 25:31 예수님께서는 그때 종말에 어린양 예수를 따라 믿음으로 산 사람들을 오른편에 세우시고 그렇지 않은 왼편에 선 사람들과 구별하십니다. 그리고 예수님의 사람들은 하늘 "아버지의 복을 받을 자들"로 세우시고, 죄와 악으로 가득한 세속의 사람들은 하늘의 "저주를 받을 자들"로 지옥에 보내십니다.마 25:32~45 예수님께서 오른편으로 구별하신 이들의 삶에는 한 가지 분명한 공통점이 있습니다. 하늘의 복을 누리는 어린양의 공동체 사람들은 어렵고 힘들더라도 어린양 예수를 믿는 신앙의 도리, 삶의 도리를 다했습니다. 그들은 고난과 시련 가운데도 굽힘없이 어린양 예수에게서 배운 믿음의 도리를 실천하고 그 도리를 오히려 전파하는 일에 신실한 사람들이었습니다. 예수님께서는 종말에 그들을 칭찬하시고 복을 내리십니다.

03

그러나, 예수님께서 다시 오실 때를 기다리는 일은 쉽지 않습니다. 예수님의 종말을 기다리는 쉽지 않은 삶은 교회가 처음 시작되던 때부터 시작되었습니다. 많은 사도와 사역자들이 그리고 믿음의 형제와 자매들이 고난받고 고초를 겪었습니다. 바울이 말하는 것처럼 그들은 "강의 위험과 강도의 위험과 동족의 위험과 이방인의 위험과 시내의 위험과 광야의 위험과 바다의 위험과 거짓 형제 중의 위험을 당하고 또 수고하며 애쓰고 여러 번 자지 못하고 주리며 목마르고 여러 번 굶고 춥고 헐벗기"를 거듭했습니다.고후 11:26-27 그들은 "광야와 산과 동굴과 토굴에 유리"하는 사람들이 되었습니다.히 11:38 사도 베드로의 교훈처럼 어린양 예수의 공동체는 이 땅을 "나그네"로 사는 사람들이었습니다.벧전 1:1 그러나 종말을 기대하며 이 땅의 나그네가 되는 일은 종말의 신앙공동체에게는 기쁨이며 감사였습니다. 결국 세상은 그 어떤 핍박으로도 이런 사람들을 이길 수는 없었습니다.히 11:38

04

사도 요한은 종말의 공동체가 부흥의 정점을 지나 시련의 시대로 들어설 때 지도자로 섰습니다. 요한은 동료 사도들과 그들의 동역자들이 수고하고 헌신하던 1세기 중후반을 예수님의 부탁을 지키며 조용히 지냈습니다. 예수님의 어머니 마리아를 봉양하는 일이었습니다. 그런데 마리아가 죽은 이후 늙은 요한에게는 새로운 사명이 생겼습니다. 세상의 핍박이 가중되는 현실에서 '어린양 예수에 대한 믿음으로' 교회와 성도를 지키는 일이었습니다. 요한이 사역을 재개했던 주후 1세기 말은 정말 많은 그리스도인이 믿음 때문에 고초를 겪던 때였습니다. 그들 대부분은 황제 숭배를 거부한다는 이유로 박해받았습니다. 결국 많은 이들이 순교하고 또 많은 이들이 신앙을 버렸습니다. 결국 곳곳에서 굳건하게 서 있던 교회들이 무너지고 사라졌습니다. 그런 막막한 현실에서 요한은 스스로 에베소 교회의 지도자가 되어 헌신하고 분투했습니다. 그는 사역을 확장해 소아시아 중서부의 여러 교회들을 지키는 일에 최선을 다했습니다.

05

그러나 요한 역시 모진 시련을 겪었습니다. 도미티아누스 황제 시절 요한은 황제 숭배를 따르지 않는다는 이유로 에베소에서 체포되었습니다. 이후 그는 밧모Patmos라고 불리는 에게 해의 외딴 섬에 유배되었습니다. 그곳에는 황제를 위해 은을 캐는 광산이 있었습니다. 요한은 그 광산에서 죽을 때까지 노동을 하게 되었습니다. 그런데 그 광야같이 척박하고 고통스러운 땅에서 요한은 하나님의 종말에 관한 계시를 보고 듣게 됩니다. 그리고 그는 거기서 우리가 아는 요한계시록을 기록했습니다. 요한은 하나님께서 보여주시는 대로 그리고 들려주시는 대로 마지막 때에 관한 여러 사건과 이야기들을 기록했습니다. 무엇보다 거기서 요한은 하늘과 땅의 모든 피조물이, 무엇보다 천상의 천사들이 예수님의 어린양 되심을 찬양하고 그 분의 최종 승리를 찬양하는 모습을 보았습니다.계 5:9~14 그때 그는 하나님의 어린양 예수님의 최종 승리를 확신하게 되었습니다. 자신을 비롯한 많은 성도들의 환란과 핍박이 끝이 아니었던 것입니다. 그는 감사와 감격 가운데 그 모든 미래의 일을 기록에 남겼습니다.

06

요한은 그때 거기서 "아무도 능히 셀 수 없는 큰 무리"의 행진을 보았습니다.계 7:9 그들은 말 그대로 "각 나라와 족속과 백성과 방언" 가운데 나온 사람들이었습니다. 놀랍게도 그들은 "큰 환난에서 나오는 자들인데 어린양의 피에 그 옷을 씻어 희게 한" 사람들이었습니다.계 7:14 그들은 어떤 시련에도 '어린양 예수님'의 신앙을 버리지 않은 사람들이었습니다. 그들의 수는 요한과 당대 성도들의 걱정이 무색하게 많았습니다. 하나님께서 '어린양 예수' 공동체의 수를 지키신 것입니다. 요한은 이 계시와 환상을 기록하며 종말을 향한 어린양 공동체의 신앙에서 무엇보다 중요한 것은 굳건하게 그 믿음을 지키는 일임을 가르치고 있습니다. 그는 시대를 초월한 모든 어린양 공동체에게 십자가 신앙을 굳건하게 지킬 것을 주문합니다. 믿음이 수세에 몰리고 교회가 무너지는 것을 보더라도 어린양 예수에 대한 믿음을 버리지 말라고 가르칩니다. 궁극의 승리가 어린양 예수를 믿는 이들의 것이 될 것을 확신하기 때문입니다.

07

    리젠트 신학교의 대럴 존슨Darrell W. Johnson은 그의 책 『위기의 제자도』Discipleship On the Edge, Regent College Publishing에서 요한계시록 7장 전문을 다루면서 요한의 이 기록이야말로 신실한 그리스도인에게 "가장 위로가 되는 말씀"이라고 말합니다. 실제로 요한계시록 7장은 오늘 어린양 예수에 대한 신앙을 버리지 않고 그 가치를 품고 분투하며 살아가는 모든 신실한 그리스도인에게 등불과도 같습니다. 부활의 아침에도 우리의 어린양 예수에 대한 신앙을 증오하여 우리를 무너뜨리려 하는 세속의 공격은 여전합니다. 아니 그들의 공격은 더욱 흉포하고 거세져서 오늘 우리는 요한의 때만큼이나 풍전등화와 같은 위기를 겪고 있습니다. 그러나 우리는 한 가지를 기억해야 합니다. 어린양 예수께서 죽음을 이기시고 부활을 이루셔서 승리하신 것처럼 우리 역시 종말에 우리 어린양 예수에 대한 신앙이 옳았음을 확증하게 될 것입니다. 궁극의 승리는 어린양의 것입니다. 어린양 예수의 십자가와 그 믿음이 세상과 사탄을 이깁니다. 아멘.

Epilogue

어린양 예수님을 찬양합니다

어느 날 차 안에서 경이로운 노래 하나를 들었습니다. 소프라노의 편안한 독창이 무척이나 인상적인 노래였습니다. 모차르트Wolfgang Amadeus Mozart가 지은 <아뉴스 데이>'Agnus Dei', Mozart Coronation Mass, C major, K317 AAM 6입니다. 노래는 마치 오페라의 아리아를 부르는 것 같은 분위기의 소프라노 독창(노래 후반부에 합창과 합주로 마무리된다)으로 시작됩니다. 소프라노 가수는 현악 연주를 따라서 조용히 "하나님의 어린양…하나님의 어린양…"이라는 가사를 읊으며 노래를 시작합니다. 가수는 십자가를 지고 가는 하나님의 어린양, 예수의 비아 돌로로사, 그 길을 조용히 뒤따라가는 것처럼 조용히 노래합니다. 십자가를 지고 고통스러운 듯 휘청거리며 걷는 예수를 뒤따르며 부르는 노래, 그러면서 그 예수의 십자가 길에서 한 길 속죄와 구원의 소망을 얻을 수 있으리라 기대하는 여인의 노래가 바로 모차르트의 <아뉴스 데이>입니다. 그런데, 노래는 예수의 길을 조용히 따르는 것으로 끝나지 않습니다. 모차르트의 <아뉴스 데이>는 그 끝에 이르러 장엄한 합창곡으로 발전합니다. 마치 대관식의 끝에 통치권을 위임받는 왕이 머리에 왕관을 쓰는 장엄함을 느끼게 합니다. 하나님의 어린양 예수 그리스도의 십자가가 궁극에 승리를 이루리라는 기대가 실현되는 모습입니다. 어린양 예수께서 드디어 모든 고난을 이기시고 죄와 죽음에 대해 승리하시며 세상의 왕으로 등극하고 있습니다.

우연히 들었던 모차르트의 '아뉴스 데이'는 소위 <모차르트 대관미사곡>Coronation Mass이라 불리는 여섯 곡 가운데 여섯 번째 노래입니다. 모차르트는 이 곡을 스물 세살 되던 해인 1779년 3월 23일에 오스트리아 잘츠부르크Salzburg에서 작곡해 그 해 부활절에 처음 같은 도시에서 연주했습니다. <대관미사곡>은 사실 다른 예배곡과 마찬가지로 가톨릭과 개신교를 아울러 일반적으로 예배에서 사용되는 통상기도문Ordinary of the Mass을 기반으로 만들어진 곡들입니다. 모차르트는 이때 잘츠부르크 대주교 궁정의 음악가로 활동했기 때문에 의무적으로 예배를 위한 곡들을 작곡해야 했습니다. 이 곡 역시 통상 예배를 위해 만들어진 곡 가운데 하나로 보입니다. 그런데 이 곡이 별다르게 <대관미사곡>이라고 불리는 데는 나름의 이유가 있

습니다. 어떤 사람은 이 곡이 잘츠부르크의 외곽에 지어진 성 모마리아 상의 제막식을 위해 작곡된 것이라고 보기도 합니다. 그러나 이것은 그다지 신뢰가 가지 않는 이론입니다. 사실 이 곡의 별스러운 이름은 모차르트가 작곡하고 13년 후인 1792년 신성로마제국의 마지막 황제인 프란시스 1세가 스스로 오스트리아의 황제 프란시스 2세로 등극하면서 그 대관식에서 사용된 뒤에 자연스럽게 따라붙기 시작한 것입니다. 이후 19세기와 20세기를 지나면서 모차르트의 이 미사곡은 여러 왕과 귀족들의 대관식과 즉위식에서 사용되었습니다. 특히 1866년 벨기에의 레오폴드 2세의 왕위 즉위식에서 이 곡이 사용되면서 모차르트의 미사곡은 <대관미사곡>으로 이름을 굳히게 되었습니다.

Epilogue 어린양 예수님을 찬양합니다

그런데 이 곡이 <대관미사곡>으로서 진정한 명성을 얻은 것에는 또 다른 이유가 있습니다. 1985년 교황 요한 바오로 2세John-Paul II가 성베드로교회에서 첫 미사를 집전할 때 이 곡이 사용된 것입니다. 요한 바오로 2세는 이때 한 시간여 통상 예배를 직접 집례했는데, 이때 음악 연주자들의 구성이 독특했습니다. 유명한 독일의 지휘자 카라얀Herbert Von Karajan이 이끄는 비엔나 필하모닉 오케스트라가 연주하고 소프라노 독창 부분을 미국의 여성 흑인 성악가 캐슬린 배틀Kathleen Battle이 맡은 것입니다. 폴란드 출신 신부가 교황이 되어 첫 집례하는 예배에 독일인 지휘자가 이끄는 오스트리아의 오케스트라가 연주를 담당하고, 그리고 유색인종 가수가 노래를 부르는 모습은 그 자체로 2차대전 이후 세계인들 사이에 진정한 평화가 임했음을 전하는 놀라운 광경이었습니다. 요한 바오로 2세는 그 자리에서 하나님의 어린양 되신 예수 그리스도께서 지신 십자가의 참뜻을 전하는 진정한 하나님의 사도로서 모습을 보여주었습니다. 그는 모차르트의 <대관미사곡>과 함께 예배를 집례하면서 갈등과 분열, 대립과 충돌, 전쟁과 폭력이 뒤범벅된 세상을 어린양 예수 그리스도의 십자가 은혜 아래, 그 자비와 평화 가운데로 인도했습니다. 그리고 예수 그리스도의 십자가 헌신이야말로 세상을 하나님의 긍휼과 구원으로 인도하는 진정한 진리의 길임을 선포했습니다. 요한 바오로 2세야

말로 '아뉴스 데이'의 가치를 예배 가운데서 한껏 끌어올리고 그 의미를 예배에 참여하는 이들 모두와 함께 공유한 참된 예배 인도자라고 할 수 있습니다.

'아뉴스 데이'는 통상적인 기도문의 하나로 다섯 개 혹은 여섯 개의 예배/미사 기도문 가운데 맨 마지막 기도문입니다. 일반적으로 미사 혹은 예배는 1. 키리에(Kyrie, eleison…주님 자비를 베푸소서.)로 시작해 2. 글로리아(Gloria in excelsis Deo…하늘 높은데서는 하느님께 영광!…)로 이어지고 3. 크레도(Credo in unum Deum…한 분이신 하느님을…)와 4. 상투스(Sanctus…거룩하시도다…) 및 베네딕투스(Benedictus…주님의 이름으로 오시는 분…)의 순서로 진행된 다음 마지막으로 5. 아뉴스 데이(Agnus Dei…하느님의 어린 양)로 마무리됩니다. 여기서 '아뉴스 데이' 즉, '하나님의 어린양'의 기도 내용은 다음과 같습니다.

> Lamb of God,
> who takes away the sin of the world,
> have mercy on us.
> Lamb of God,
> who takes away the sin of the world,
> have mercy on us.

Lamb of God,

who takes away the sin of the world,

grant us peace.

하느님의 어린양, 세상의 죄를 없애시는 주님, 자비를 베푸소서.

하느님의 어린양, 세상의 죄를 없애시는 주님, 자비를 베푸소서.

하느님의 어린양, 세상의 죄를 없애시는 주님, 평화를 주소서.

예수 그리스도의 십자가 사역의 의미와 가치를 고백하고 나누는 가운데 세상에 증거하는 전형적인 형식과 내용을 갖고 있습니다. 가톨릭나 개신교 가운데 소위 고교회高敎會, the high churches라 불리는 성공회나 루터교회들이 예배나 미사 마지막에 동일한 이 기도문을 함께 읊거나 혹은 성가대의 찬양으로 그 고백의 내용을 듣습니다. 다른 것이 있다면, 이 기도문을 가지고 여러 다른 작곡가들이 서로 다른 미사곡 혹은 예배곡을 만들어두었다는 것입니다. 16세기 이래 교회들이 작곡가들에게 이 기도문을 미사 및 예배 음악으로 작곡 요청하면서 여러 작곡가가 서로 다른 시대에 서로 다른 음악적 영감으로 만든 '아뉴스 데이'들이 만들어졌습니다. 그래서 모든 '아뉴스 데이'들은 동일한 가사를 가지고 서로 다른 종파와 교회들의 예배와 미사에서 서로 다른 음악적 모습으로 예배의 품격을 높여주고 있습니다. 16세기 이래 우리에게 잘 알려진 '아뉴스 데이'

는 무척이나 많습니다. 우리는 하이든Joseph F. Haydn으로부터 모차르트, 베토벤Ludwig V. Beethoven, 그리고 슈베르트Franz Schubert와 포레Gabriel Fauré에 이어 프랭크 마틴Frank Martin 같은 현대 음악가에 이르는 수많은 작곡가의 '아뉴스 데이'를 접하고 들을 수 있게 되었습니다.

이번 고난주간에 토비아는 강신덕 목사와 함께 통상기도문의 마지막 기도 제목인 '아뉴스 데이' 즉, '하나님의 어린양'을 성경을 따라 묵상합니다. 그래서 오늘 우리에게도 교회들이 오랫동안 불러오고 고백해 온 곡들 가운데 몇몇 '하나님의 어린양' 음악을 들을 기회가 주어졌습니다. 『하나님의 어린양』을 묵상하는 우리는 실내악 연주자들의 모임인 토비아 앙상블의 연주를 통해 우리의 독서와 묵상과 기도를 더욱 깊고 풍성하게 하는 음악을 듣게 됩니다. 아래 토비아 앙상블이 제공하는 '아뉴스 데이'들을 비롯한 몇몇 곡들은 우리의 '하나님의 어린양' 묵상이 길을 잃지 않고 온전히 어린양 십자가의 자리로 나아갈 수 있도록 길잡이 역할을 할 것입니다. 우리의 '하나님의 어린양' 묵상을 도울 토비아 앙상블의 음악은 다음과 같습니다.

1. **Lamb of God**, Jim Gilbert, in Lamb of God by Hosanna Integrity Music, 1987.
2. **Pie Jesus**, in Requiem by Gabriel Fauré, op.48.

3. Agnus Dei, in Requiem by Gabriel Fauré, op.48.

4. Were You There When They Crucified My Lord, by African-American spiritual, 조성은 편곡, from William Barton's Old Plantation Hymns, 1899.

5. Via Dolorosa, Niles Borop & Billy Sprague, 1984.

6. Abendlied(Evening Song), Josef Rheinberger, op.63-3.

7. Agnus Dei, Wolfgang A. Mozart, in Coronation Mass, C major, K317 AAM 6

    토비아 앙상블은 2021년부터 매년 고난주간 묵상에 어울리는 음악 연주를 녹음해 우리에게 들려주었습니다. 2021년에는 요제프 하이든의 <가상칠언> 전곡을 녹음해 토비아선교회 유튜브를 통해 공개했으며, 2022년에는 <라헬의 눈물>이라는 주제로 묵상 음악 일곱 곡을 녹음해 음반으로 출시했습니다. 2023년에 토비아선교회는 강신덕 목사의 고난주간 묵상집 <하나님의 어린양> 묵상에 어울리는 음악으로 모차르트의 '아뉴스 데이'를 비롯 일곱 곡을 연주해 녹음해 그리스도인들과 책을 읽는 독자들에게 묵상의 깊이를 더할 수 있는 길을 열어 주었습니다.

    토비아 앙상블은 샬롬교회의 예배 연주자들로 구성된 실내악 앙상블입니다. 2023년 토비아 앙상블은 샬롬교회 김경응 장로님을 단장으로 하여 첼로 연주자인 임이랑 집사님과 피아노 연주자인 최소영 집사님을 중심으로 바이올린의 안세훈 선생님과 양승빈 선생님, 비올라의 홍성원 선생님과 피아노의 김가람 선생님 등이 함께 참여해 올해의 묵상 음악을 완성했습니다.

 2023년 토비아 앙상블의 <하나님의 어린양>이 책으로 또 음악으로 나올 수 있게 된 과정에는 진정 여러분들의 도움이 컸습니다. 당장, 음악을 녹음하는 일에는 한우리교회 윤창용 목사님과 성도들 그리고 정영호 목사님이 언제나처럼 함께해 주시고 아낌없는 지원을 다 해 주신 덕분입니다. 이어서 음원을 정리하는 작업은 음향 녹음 분야의 오랜 전문가이신 김효균 집사님이 수고해 주셨습니다. 집사님의 탁월한 귀와 근면한 손길이 묵상할만한 음악으로 세상에 주어지는 열쇠가 되었습니다. 그리고 <하나님의 어린양> 음원을 영상화해 토비아선교회의 유튜브에 올리고, 출간되는 강신덕 목사의 묵상집 <하나님의 어린양>도서출판사 토비아, 2023과 연동하는 지난한 작업은 토비아선교회 오인표 목사님의 헌신으로 가능했습니다. 이 책과 음악이 발간되고 업데이트되어 한국교회 현장에 도움이 될 수 있었던 것은 기도로 함께하시고 물심양면의 지원을 아끼지 않으신 샬롬교회 김덕진 목사님과 김은상 장로님 그리고 성도

여러분의 수고와 노력이 그 모든 부족한 빈틈을 메꿔주신 덕분입니다.

어린양 예수님을 찬양합니다. 당신의 십자가를 향하는 고통스러우면서도 진중하셨던 발길은 오늘 토비아선교회와 샬롬교회가 걷는 신앙의 길의 진정한 등불입니다. 앞으로도 토비아와 샬롬교회는 순례하며 읽는 성경의 깊은 통찰을 묵상의 글로 그리고 묵상의 음악으로 만들고 나누는 일에 최선을 다할 것입니다. 하나님께서 우리의 길을 이끌어주시기를 기도합니다. 어린양되신 예수님, 당신을 찬양합니다.

토비아선교회 유튜브채널 영상 콘텐츠 안내

토비아 앙상블의 연주와 함께하는 고난주간 묵상

QR코드를 스마트폰 카메라로 스캔하시면 토비아유튜브채널 해당 묵상집의 연주영상으로 이동합니다.

가상칠언, 하이든 그리고 기도
이 사람을 보라

우리의 눈물 그리고 음악과 기도
라헬의 눈물

하나님의 어린양
the Lamb of God

토비아 앙상블의 사람들
Tobia Ensemble

단장 김경웅

--- 연주자 ---

1st Violin 안세훈

서울대학교
로스톡국립음대
베를린 한스아이슬러 국립음대
마인츠국립음대 Auszeichnung
현, Ensemble Success대표,
현, Mov 소속 아티스트

2nd Violin 양승빈

선화예중
서울예술고등학교
맨해튼 음악대학교
현, 콰르텟엑스 멤버

Viola 홍성원

덕원예술고등학교
한국예술종합학교 예비학교 수료
한국예술종합학교 졸업
현, 콰르텟엑스 맴버

Cello 임이랑

예원학교
서울예술고등학교
한국예술종합학교
현, 콰르텟 엑스 멤버
현, 토비아 앙상블 멤버

Piano 김가람

파리국립고등음악원, 영국왕립음악원 졸업
네팔 지진 난민을 위한 히말라야 해발 5416m 피아노 콘서트 개최
현 부산국제겨울음악 페스티벌 부감독, 앙상블 뷰티풀 랑데부 예술감독

Organ 최소영

연세대학교
연세대학교 대학원
현, 전문반주자로 활동
현, 토비아 앙상블 멤버

Recording Director 김효균
Producer 임이랑
Coordinator 오인표

하나님의 어린양

the Lamb of God

책과 음악의 제작 및 출판을 위해 함께해 주신
샬롬교회 동역자들과 장로님들 그리고 성도 여러분,
한우리교회 윤창용 목사님과 당회원분들 그리고 성도여러분께
진심으로 감사드립니다.